デービッド・アトキンソン

国運の分岐点

中小企業改革で再び輝くか、中国の属国になるか

JN230779

講談社+α《プラスアルファ》新書

はじめに

これは、日本の新しいグランドデザインを考えていく本です。日本という国がどのような道に進むのか、そして、どのような社会を目指していくのか。「これからの日本」の方向性を明確にし、政策、制度、そして物事の考え方など、読者の皆さんと一緒に、国家の全体像というものを描いていきたいと思います。

そんな壮大なことを、なぜイギリス人である私がやらなくてはいけないのかというと、グランドデザインが急ぎ必要であるにもかかわらず、残念ながらどなたもやっていないからです。

いまの日本は、これまで経験したことがないような大きな変化に直面しています。マスコミ等でも繰り返し報道されているので、おわかりでしょう。「人口減少」です。

国立社会保障・人口問題研究所の２０１２年の推計によると、２０６０年までに、２０１５年と比較して生産年齢人口が３２６４万人減少します。これは、世界第5位の経済規模を誇るイギリスの就業人口とほぼ同じで、同じく経済規模世界第10位のカナダの総人口を上回ります。要するに、国ひとつが消滅してしまうほどの規模の「人口減少」がすでに始まっているのです。

もちろん、人口減少という現象は多くの先進国に共通ですが、同期間の人口の減少度合いは、ドイツで約1000万人、イタリアが約500万人、スペインは約300万人です。それに対してこれからの日本は生産年齢人口だけで3264万人も減るという、他の先進国と比べものにならない「人口激減」が発生するのです。

「減る一方の労働者、増える一方の社会保障費用」だからこそ、いままでの国の形を変えなければなりません。

そう聞くと、「だからこそ外国人労働者が必要だ」と主張する人がいますが、外国人労働者の受け入れは安い賃金で働く労働者が社会に溢れかえるということですから、社会保障はいま以上に深刻な事態に陥ることになります。世界中で「移民」が様々な問題を生んでいるように、大きな社会的コストを課す結果になるのです。

また、「日本の高いロボット技術で人口減少をカバーできる」と唱える人もいますが、ロボットは人間のように消費活動をしてくれるわけではありません。個人消費を維持することにはならないので結局、経済的な打撃を回避できないのです。

つまり、残念ながらそのような小手先の手段では、来るべき人口減少社会を乗り切ることはできないのです。

では、どうすればいいのか。いま必要とされているのは、グランドデザインです。表面的な改革や、対症療法的な経済施策ではなく、これまでの常識を覆して、根本から考え直した国家グランドデザインをつくるしかないのです。

「人口減少」という「時代の大きな変化」が訪れているのですから、これを乗り越えるには政治、社会、そして日常の考え方にいたるまで、「大きな変化」を受け入れなくてはいけません。これは歴史を振り返ってみても明らかです。


日本という国は時代の大きな節目を迎えるたび、「国家のグランドデザインづくり」が繰り返されてきました。

古くは、7世紀ごろから始まった律令制度にさかのぼります。当初は、東アジア全域に広まっていた法体系を導入したものでしたが、自国に合うように調整・改良して、日本独自の制度へと変えてきました。日本でも中央集権国家が台頭するという「時代の大きな変化」の中で、それに対応するグランドデザインづくりが行われたのです。

鎌倉時代、武家が台頭するという時代の大きな変化が起きた時も、平安時代に構築された制度を維持しつつ、公家などから権力を奪うというグランドデザインが描かれました。

この体制が戦国時代に崩壊すると、織田信長や豊臣秀吉らが築いた制度を基礎として、徳川家康公が江戸幕府という新しいグランドデザインを確立しました。

鎖国から開国という「時代の大きな変化」が訪れた明治維新では、海外から多くの専門家を招き、様々な国の制度や技術を吸収して、それを日本に合う形で定着させていきました。

これは１９４５年まで続きましたが、ＧＨＱ（連合国軍最高司令官総司令部）による占領政策をきっかけに再びグランドデザインがなされ、いわゆる「戦後体制」が構築されました。細かな調整はありますが、これは基本的に「現在の日本」のベースになっています。

これまでの日本の歩みを見れば、「時代の大きな変化」とグランドデザインが切っても切れない関係であることは明白です。

時代が大きく変わっていく中で、最初はどうにかしてそれまでの体制や制度を維持しようという力学が働きますが、ちぐはぐな微調整ばかりで大きな変化に対応できず、様々な問題が噴出します。しかし、そのうちに旧体制や旧制度を転換しなければならないという気運が高まって、否応なしに新しいグランドデザインが描かれて収束します。

日本の歴史では、そんな激しい「新陳代謝」が幾度となく繰り返されてきたのです。

では、翻っていまの日本はどうでしょう。

先ほども申し上げたように、これまで経験してきたことがない「人口減少」に直面しています。これは、戦争など特殊な事情を除けば遠い昔から続いてきた人口増加時代の終焉《しゅうえん》であり、劇的な変化であることは明白です。

日本にとって明治維新は、とんでもない時代の変化でしたが、これからの日本の人口減少時代はそれよりも何十倍も何百倍も大変な変化です。

しかし、残念ながらいまの日本政府は、新しいグランドデザインを描くことがまだできていません。むしろ、「人手不足」を叫ぶ業界の求めに応じて、外国人労働者の受け入れを拡大するなど、旧体制や旧制度を維持することに必死になっているような印象を受けます。

このようなちぐはぐな微調整が失敗に終わるのは、これまでの歴史が証明しています。

ＧＨＱ、つまりアメリカ主導で定着した資本主義というグランドデザインは、人口増加を前提とした制度です。人口が急速に減っていくいまの日本に合うわけがありません。実情と合わない制度に執着して無理に継続させたところで、事態はさらに悪くなるだけです。旧体制や旧制度を守ろうという勢力と革新を目指す勢力の激しい対立や衝突も起きて、社会に様々な混乱をもたらすでしょう。日本経済も大きなダメージを受けるかもしれません。

ただ、先ほども申し上げたように、そのような時代に合わない旧制度や旧体制との「決別」は遅かれ早かれ必ずやってくるものです。家康公が徳川幕府をつくった時のように、200年以上の鎖国を解いて明治政府が急速に日本の近代化を進めたように、ドラスティックな変化が訪れるのです。

その時に必要なのが、日本の進むべき指針となる国家グランドデザインなのです。

これは社会が大きな混乱をきたした際にそれを収束させることができる、暗闇を照らす希望の光のような存在であり、だからこそ、一日でも早くしっかりとしたグランドデザインを描くことが必要なのです。

そこで、本書ではなぜいまの日本がグランドデザインを描くことができないのかという視点から、1945年に始まった旧グランドデザインがいかに制度疲労を起こしているかを検証して、「新しい日本」は何を目指すべきかという、グランドデザインの骨子までを考えていきます。

そこで、一つ覚悟をしておかなければいけないのは、「新しい日本」が目指すものは、あの明治維新を超えるほど大きな変革だということです。

幕末という激動の時代を経て誕生した明治政府は、それまでの常識をすべて否定することを余儀なくされました。武士という身分を廃止して、侍の命であるちょんまげを切り落とし、そのような社会を象徴する天守閣もほぼすべて解体されました。天皇は燕尾服を着て、赤ワインを嗜《たしな》むようになり、輿《こし》ではなく、馬車で移動するようになりました。封建制度から民主主義へ急に転換したことで、それまでの常識がすべて根底から変わっていくという強烈な時代でした。

そんな明治維新より激しい変化が、これからの日本を待ち受けています。なにせ、３２６４万人という膨大な数の労働者が減少するという、これまで直面したことのない事態が起きるのです。

本書はそういった時代認識に基づいていますので、当然、これまで「戦後日本の常識」として信じられていることと真逆のような話も出てくると思います。

いや、「正しい」とされていることを全否定するような主張もあるかもしれません。その中で、私が「新しい日本」にとってもっとも必要だと考えているのは、「中小企業崇拝」の廃止です。日本にとって最大の問題は生産性が低いことですが、「生産性問題は中小企業問題」だと考えるからです。

日本では、技術がありながら、社員が少ない小規模の「町工場」のような中小企業を応援することが、日本経済を元気にするのだと語られています。先ごろ人気を博したドラマ「下町ロケット」などはその典型例です。

ただ、残念ながらこれは1945年に始まった旧グランドデザインに基づいた古い考え方と言わざるを得ません。

これからの「人口減少社会」では「すべての中小企業を守る」「中小企業護送船団方式」という考え方は通用しません。むしろ、「すべての中小企業を守る」ことに固執するようでは、中小企業を救うどころか、逆に多くの人を不幸にしてしまうのです。

この「中小企業崇拝」ともいうべき思想が、日本経済の低成長、さらには日本社会の様々な問題の根底にある。これこそが、私が日本のデフレや生産性の低さを分析していく中で、最近たどり着いた結論なのです。

そう言うと不愉快になる方もおられるでしょう。しかし、グランドデザインというのは基本的に、これまでの制度のすべてを検証し、根本から再検討して、これまでの常識とは異なる新しい姿をつくっていくということです。

この「古い価値観との決別」は過去にも起きており、その都度社会に混乱や衝突を招いてきました。近代化へ進む際には、旧体制を掲げる人たちとの武力衝突もありました。アメリカのもたらした資本主義に対する抵抗も長く続きました。

そのような意味では、「人口減少社会のグランドデザイン」についても、なかなか受け入れられない、と考える人が多くいるのも当然です。

しかしそれでもこれをやらなくてはいけないと私が考えるのは、それこそが未来に繋がっているからです。「時代の大きな変化」に逆らって不幸になる人を少しでも減らし、日本社会を少しでも良い方向へと近づけることができるからです。

本書を世に出そうと考えたのは、それが最大の理由です。

私はこれまで30年以上、経済分析の世界で生きてきました。徹底的に分析を重ねていくうち、つくづく痛感するのは、複雑な事象であればあるほどきわめてシンプルな原因に帰着するということです。

「日本の生産性の低さ」という問題も、実はこの典型的なケースなのです。

「生産性」には、様々な要素が複雑に入り組んでいますが、客観的なデータを用いてその要素を一つ一つ分析していくと、複雑さを招いている一つのシンプルな原因が浮かび上がってきます。それが、「中小企業」だと申し上げているのです。

この結論に至るまでの道のりは、決して容易なものではありませんでした。長い時間をかけて分析を重ね、反論や指摘があれば仮説を立てて検証することを幾度となく繰り返してきました。分析をまとめた著書を出すたび、「ようやくこれで終わった」といったん肩の荷を下ろすのですが、これに納得をしない方たちの声に耳を傾ければ、自分でも問題点と思われることや、新たな疑問が湧いてきます。

この数年間、ずっとこういうことの繰り返しでしたが、その状況を一変させたのは昨年、海外の学会で発表された生産性に関する論文でした。ここから大きなヒントを得て、ミクロデータをさらに細分化して分析した結果、日本経済の問題が中小企業分野に集中していることがわかったのです。

と当時に、この分析に取り組む過程で、これまで日本経済の問題として指摘されていた論点がきわめて表面的で、浅い分析によるものだということもよくわかりました。これまで幾度となく「日本の経済分析は客観性に欠ける」と指摘してきましたが、あらためて、過去の成功体験に引きずられた「結論ありき」の分析をしていると感じました。

つまり、日本経済は中小企業が支えている、日本型資本主義は間違っていない、という「結論」から逆算するので、どうしても現在の産業構造を正当化したいというバイアスがかかった強引な分析になってしまうのです。

これに保守的な考え方が相まって、いまのような改革が苦手な国ができあがった、と私は考えています。日本は成長の体験があまりにも長いので「改善」はかなり得意ですが、「改革」は苦手なのです。厳しいことを言えば、まったくできていない。構造改革には、現状を客観的かつ、冷静に分析する能力が必要不可欠です。

残念ながら、いまの日本はその能力が乏しいと言わざるを得ません。これはアナリスト時代から痛感していることですが、日本では、「分析能力」が重視されていません。教育の場でも、分析ということを体系的に教えてもいないのです。

ゴールドマン・サックスで、私は日本人アナリストたちのレポートを監修する仕事をしていましたが、そこで強く感じたのは、彼らの多くが、とにかく「目先」のことばかりに注目しているということでした。

未来や長期的な事柄への視点はほとんどなく、起きていない現象については対応を考えることもありません。要するに、物事が発生したら対応するけれど、いまはまだ何も起こっていないので何も考えません、というスタンスなのです。

これはゴールドマン・サックスの日本人アナリストだけではなく、多くの日本人に当てはまる傾向ではないでしょうか。

批判をしているわけではありません。先ほども申し上げたように、日本という国は長く成功してきた国でしたので、先のことを考える必要もそれほどありませんでした。物事が起きたら、それに対処するという「事後対応」で何の問題もなかったのです。

もっと前向きな言い方をすると、楽観的でも良かったということです。政府と霞が関官僚も、企業経営者は常に正しく、日本経済のために貢献してくれているという性善説に基づいて、彼らを守る政策をとっていれば良かったのです。何か不都合な事態が起きたとしても、「問題の先送り」をしていれば、誰も責任を問われることはありませんでした。

しかしそれでは、これから日本がはじめて直面する「人口減少」という大きな試練には対応できない、ということを申し上げたいのです。この未曾有の危機に対して、従来の「事後対応」「問題先送り」で臨むと取り返しのつかない惨事を引き起こす恐れもあります。

国力は大きく損なわれ、日本が致命的なダメージを負うのは間違いありません。それでもなお対策をしないで、この状況を放置していれば最悪のシナリオが現実味を帯びてくるでしょう。

それは中国の「属国」になるということです。

そんなばかなことが起きるわけがないと思う方も多いかもしれませんが、これは決して荒唐無稽なシナリオではありません。日本が莫大な借金を抱えているのは周知の事実ですが、実はこの借金をさらに肥大化させる、大きな不安材料があります。それは、自然災害です。日本列島は巨大地震だけではなく、巨大津波、台風や大雨、そして土砂崩れなど様々な自然災害に見舞われ、それらは人的被害だけではなく、甚大な経済被害をもたらします。本来、日本は世界一財政を健全に保つべき国なのです。

低成長で借金だらけのいまの日本に、もし南海トラフ地震や首都直下地震のような激甚災害が発生したら、自力での復興はまず困難です。そして、このような大災害は、いつ起きてもおかしくないと言われているのです。

GDP世界第3位の規模を誇るこの国が、経済的に依存できるような国は限られてきます。世界一のGDPを誇るアメリカは自国第一主義で、日本からいかにして金を引き出すかに執心するだけなので期待できません。そうなると、圧倒的な人口の数で、著しい経済成長を遂げている中国しかないのです。

日本を自分たちの影響下に入れるということは、「元寇」の時代から中国が抱きつづけてきた悲願です。そのような国が、人口が減って経済も縮小し、自然災害で疲弊《ひへい》した日本を見たらどのような行動に走るのか、考えるだけでゾッとします。

私はイギリス人ではありますが、自分の人生の多くを過ごし、多くの友人たちがいるこの国が衰退していくのを、黙って見ていることはできません。これまでの歴史のように、混乱があっていずれは新しい時代がやってくるとわかっていても、できるだけその混乱を短くして、受けるダメージも少なくしたいのです。

だからこそ、一部の方が不愉快になるようなことも、あえて言わせていただきます。

どれだけ目を背けても、「人口減少」はますます進行します。

それと同じで、どんなに現実から目を背けても、遅かれ早かれ、日本は新たなグランドデザインをしなくてはいけません。

どうせやらなくてはいけないことならば、早くから着手して、より良いグランドデザインをつくるべきではないでしょうか。

衝撃の大きさを考えれば、日本社会が直面する「人口減少」は後世の日本史、いや世界史にも記録されるであろう大変なインパクトのある「国家の変化」です。

だからこそ、大化の改新、武家政権の登場、明治維新、そしてGHQの占領政策などと並ぶ、歴史に残るグランドデザインがいま、求められているのです。

後世の日本人たちがこの時代を振り返った時、自分たちの祖先は、こんなに先見性のあることを考えたのかと誇らしくなるようなグランドデザインを日本人たちが自らの手でつくる。そのお手伝いを少しでもさせていただければ、と思い筆をとりました。

私が日本にはじめてやってきたのは、バブル景気華やかなりし時代でした。世界第2位の経済大国として、日本は世界経済に大きな影響を与えていました。

しかし、バブルが崩壊すると、それまでの勢いが嘘のように経済が停滞して、当初「失われた10年」と言われたデフレは長期化して「失われた30年」となってしまっています。

十代の頃、日本の「経済」に惹かれ、その勢いはどこからくるのか研究を始めた私にとって、これは大変ショックなことでした。

日本はこんなものではない。

潜在能力を活かしきれていない。

このままでは絶対に沈没する。

そんな思いがいつも胸の中にあります。ですから、アナリストとして分析してきた日本経済の強みと弱みを、客観的なデータを用いて、著書や講演でお話しするようになったのです。

すべては皆さんに「過去の栄光」と決別して、これまでの常識とは異なる「新しい日本のグランドデザイン」を描いてもらいたい、という思いがあってのことです。

私は日本経済の栄枯盛衰を30年にわたって分析してきました。現在では、日本の素晴らしい文化財を守るための会社の経営も任せていただくようになり、様々なところで観光や文化、そして経済についてのお話をする機会も頂戴しています。

ありがたい話です。しかし、そのような形で日本に深く関わってきた者だからこそ、日本が「新しい時代」に踏み出して、かつて以上の輝きを放つのを見届けたいのです。

日本には、それをやるだけの潜在能力があります。そして、徳川時代から明治の近代化の時のように、時代の変化に対応するグランドデザインを描く構想力もあります。あとは、「やる」という決断を下して、それを実行に移していくだけなのです。

本書によって一人でも多くの日本人が、自分たちの国の持つ本当の力に気づき、新しい時代へと歩みを進めてくれることになれば、この国の素晴らしさを知る者として、これほど嬉しいことはありません。

２０１９年　７月

デービッド・アトキンソン

◉目次

第2章　日本経済の最大の問題は中小企業

第３章　この国をおかしくした１９６４年問題

第４章　崩壊しはじめた１９６４年体制

第5章　人口減少・高齢化で「国益」が変わった！

第6章　国益と中小企業経営者の利益

第1章　「低成長のワナ」からいかにして抜け出すか

世界有数の「人材力」を誇る日本

これからの日本は、社会保障の支出が増える一方、それを負担できる人の数、特に第一線で仕事をする人々が激減していきます。それに対応できる経済のグランドデザインを考えるというのが、この本のテーマです。

そのグランドデザインを考えていく前に、まずは日本が抱えているいくつかの問題点について整理をしておかなければいけません。マスコミで、エコノミストや経済評論家なる人たちが指摘している深刻な問題は、以下の二つに集約されています。

・先進国の中で唯一、経済成長していない
・デフレからいつまでたっても脱却できない

ご存じのように、日本の技術力の高さは折り紙つきで、世界でも高い評価を受けています。国民の教育水準も高く、労働者も他国より勤勉でよく働く、ということに疑いの余地はありません。事実、２０１６年の人材評価（ＷＥＦ）ランキングでは、ＯＥＣＤ（経済協力開発機構）加盟国で第4位にランクされ、2018年の国際競争力ランキング（WEF）でも世界5位です。

技術もあって、人材も優れている。そう聞くと、経済成長が約束されているような印象を受けると思いますが、現実の日本経済はこの20年ほとんど成長していません。それどころか、GDPに対する国の借金の比率は世界一高く、貧困率も先進国の中でもっとも悪い国の一つになるなど、負の側面ばかりが目立ってきました。

1990年の日本経済は、アジアの中での大きさや給与水準でダントツで、アメリカの7割程度の規模でした。しかし、いまではアジアで3位、アメリカの4分の1程度の大きさしかありません。給与水準は物価を考慮した購買力調整済みの数値で見ると4位まで落ちています。

生産性を見てみると、1990年は世界9位でしたが、いまは28位まで下がって、先進国として最低水準となっています。この20年間、先進国の給料は約1・8倍となっているのに対して、日本は9％の減少です。

世界の上場企業時価総額ランキングを見ると、1989年のトップ50社の中で、日本企業は32社。しかも、トップ5はすべて日本企業で、トップ10の中でも7社となっています。

しかし、これが2018年となると、トップ50社の中には1社のみ。しかも、35位というポジションです（米『ビジネスウィーク』誌調べ）。

バブル崩壊後の「失われた20年」を経て、政府・日銀は大胆な金融緩和政策に踏み切って、インフレへ誘導しようとしています。しかし、デフレは緩和されましたが、2％のインフレ目標に関しては一向にその成果は出ていません。

この20年で、日本経済の成長率は先進国最低水準となっており、生産性向上率も最低水準になってしまったのです。

なぜこうなってしまったのかというと、これらの二つの問題というのが、日本はおろか、人類がはじめて直面する「新しい時代の問題」に由来しているからです。

「人口減少」の先進国

それは何かというと、「人口減少の危機」です。

経済成長ができない。デフレから脱却できない。これらの問題が一向に解決できないのは、他の先進国と比べものにならないスピードと規模で、「人口減少」が起きているからなのです。

これから日本の総人口は31・5％減ります（2015年から2060年までの予測値、以下同）が、さらに15歳以上64歳以下というもっとも大事な生産年齢人口に目を向けると42・5％も減ります。もちろん、他の先進国の中でも、一部の国は同様に生産年齢人口が減少しますが、日本の減少ペースはどの先進国よりも速く、どの先進国よりも大きな減り幅となっています。

そして、ここからが大変重要なポイントですが、この日本が直面する大きな問題にどう臨めばいいのかということは、従来の経済学では答えを出すことができません。

ちょっと冷静に考えてみれば明白ですが、資本主義と経済学というものが確立された時代は、人類の歴史の中で、人口が大きく増加していく時代と見事に重なっています。つまり、資本主義や経済学は、人口増加を可能にしつつ、それを前提としたものであり、人口減少を想定していないということなのです。

それは裏を返せば、これまでの資本主義社会の中で人口減少と経済学のあり方を探究する必然性がなかったということです。これも当然で、人口が増加している時代にできた社会の中で、人口が減少に転じたら経済はどうなっていくのかなどということは考える必要がないのです。途上国はもちろん、先進国の中でも大半の国では未だに人口が増えつづけていますので、世界的にも、人口減少が研究対象になりづらいのです。

これまでの常識は通用しない

一般的な経済学の教科書には、長期潜在成長率というものがあって、それは必ず右肩上がりをしていくものだ、と書かれています。そして、この長期潜在成長率よりも、実際の経済成長率が低下した場合は、金利を下げるなどの金融緩和や、経済対策を実行すれば、経済成長率は長期潜在成長率まで回復する、とされています。

多くのエコノミストや経済評論家の頭の中には、この「教科書理論」が前提にあります。だから、金融政策や経済対策が重要だということをしきりに主張されるのですが、実はここには一つ大きな盲点があります。

長期潜在成長率は必ず右肩上がりになるということが大前提になっていますが、その原因を分析すると、実はその主因は人口が右肩上がりで増加するからです。つまり、金融政策と経済政策が効果があるというのは、人口が右肩上がりになることを前提とした考え方なのです。

普通に人口が増加している国では、金融緩和などの調整によって経済が成長するかもしれませんが、いまの日本は人口が右肩上がりになっていません。むしろ、急激に減っていますので、これまでのような経済政策や金融緩和の効果は見込めません。従来の経済理論がまったく通用しなくなっているのです。

だからこそ、経済の教科書に載っているような従来の理論や、固定観念を捨てて、人口減少が経済に及ぼす影響を真摯《しんし》に受け止め、死に物狂いで対策を考えなくてはいけません。

といっても、日本でこの現実を真剣に受け入れている方は、まだ多くはありません。日本政府の政策や、学者、経営者、マスコミなどの発言を見るに、社会の中でリーダー的な立場の方たちでさえ、人口動態と経済の関係について十分な理解をしていないのです。ここが理解できないと、なぜ新しいグランドデザインが必要なのかということもわかりませんし、いまの日本で何が起きているのかということも理解できません。経済の根本条件が変革しているという意識がなければ、現実とかけ離れた大前提で、政策が立案され、当然、その政策は効果が望めないでしょう。

そのような意味においては、経済と人口という視点がこれからの日本ではきわめて重要になってくるのです。

「1億2000万人」の力

まず、経済の世界ランキングと経済成長が止まっている問題から説明しましょう。これまで私の著書をお読みになっている方からすれば、もはや常識となってきていると思いますが、経済と人口には大きな因果関係があります。

先進国の場合、GDP総額のランキングは人口のランキングによって決まっています。日本が世界第3位の経済大国、先進国の中ではアメリカに次ぐ第2位のポジションでいられるのは、先進国の中で人口が世界2位だから、つまり人口が多いからです。

日本のGDP（2018年）はドイツの1・28倍の規模（物価の違いを反映する購買力調整後の数値）ですが、これは日本の技術や勤勉性がドイツよりも優れているからではなく、単純に国民の数が約1・5倍だからなのです。

しかし、残念ながら日本では未だにこのような考えが一般的ではありません。たとえば、私はこれまで日本の観光業や、日本経済を分析した書籍を出したり、講演でお話をさせていただいたりしていますが、その分析に対して不満のある方たちが、よくこんなことをおっしゃっています。

「日本経済はイギリス経済のほぼ倍だから、技術力が倍だ」

「イギリスにはダイソンと金融ぐらいしかない。ものづくりが崩壊して、自分たちで鉄道さえ作れない」

また、中国経済が成長して、日本経済よりも大きくなった時には、こんなことを言う専門家の方もたくさんいました。

「中国経済が日本より大きくなったのはバブルだからに過ぎない。中国は技術レベルが低いから」

もちろん、言論の自由は尊重しますが、これらの発言は根本的な事実誤認があります。イギリス経済が日本経済の半分になっている理由は、人口が日本の半分だからです。日本経済が第3位なのは、1億2000万人という人口と密接に因果関係のあることで、技術力、バブル経済は一般に言われているほど説明能力はないのです。

このように、経済の大きさとはそこまで因果関係のない要素を強引に結びつけて、望むような結論へ持っていく批判や反論は、結論ありきの主張であり、単なる感情論に過ぎません。

この事実をなかなか受け入れられないという方は、アメリカや中国を思い描いてみてください。ともに日本経済との規模の違いは年々拡大しています。ではこれはアメリカの労働者が日本よりはるかに勤勉だからでしょうか。中国の技術力が高いからでしょうか。そうではありません。

アメリカは移民によっていまも人口が増えています。1990年に2億4000万人だった人口は約3億3000万人に増えています。ドイツの総人口を超える増加数です。中国は先進国ではありませんが、日本の10倍以上の、13億人を超す凄まじい人口を抱えています。「人口大国」が「経済大国」になっているのです。中国は日本の人口の10倍強ですから、日本の生産性の10分の1を達成するだけで、経済の規模は日本を超えます。

もちろん、アメリカにも勤勉な労働者はいるでしょうし、世界的な大企業も多くあります。また、中国にも高い技術力を有する企業はあるでしょう。しかし、それらはあくまで個々の事情であって、GDPという一国の経済規模にはそこまで大きな影響はないのです。

日本とドイツは何が違うか

簡単に言えば、GDPは「人口×その国の生産性」です。

生産性の根源は国民所得ですから、所得水準が同じような国を比較した場合、人口の多いほうがGDP総額が大きくなるのは当然です。日本のGDPが先進国で世界2位なのは、これが理由なのです。

特に、1990年代に入ってからのグローバル化によって、各国の所得水準が収斂《しゅうれん》しています。だから、中国、インド、ブラジルなど人口が圧倒的に多い途上国のGDPランキングが上位になっているのです。実際、購買力調整後で見れば、日本経済は中国経済の22・1%、実はすでにインド経済の53・3%の水準まで相対的に減少しています。

このように経済の規模と人口の因果関係を理解すると、日本が直面している危機の深刻度がわかっていただけることでしょう。

「はじめに」でも触れたように、日本は他の先進国と比較しても、突出して人口が減少している国です。ということは、因果関係が明白なGDPに「突出した悪影響」が出るのは、容易に想像がつくのではないでしょうか。

そんな大逆風に加えて、日本が経済成長できないのには、もう一つ大きな原因がありま す。それが何かというのは、ドイツとの比較がわかりやすいかもしれません。

先ほど申し上げたように、日本の人口はドイツの約1・5倍です。ならば、普通に考えたら同じ先進国としてGDPは1・5倍になっていなければおかしいのですが、現実は1・28倍しかありません。人口とGDPの因果関係の足を引っ張るようなマイナス要因が日本にあると考えるべきでしょう。

では、日本がドイツと比べて劣っている点はなんでしょうか。

互いに「技術大国」という評価のある国ですので、どちらが優って、どちらが劣っているということもないはずです。教育水準なども互いに先進国ですので、それほど大きな違いはありません。

ただ一つだけ、日本とドイツで歴然とした大きな差が開いていることがあります。それが「生産性」です。

キーワードは「生産性」

よく日本では生産性というと、利益が少ないとか、効率の良し悪し、残業を削減して働くことなどのおかしな話に持っていかれがちですが、国際的にも「生産性」の定義とは「一人あたりのGDP」です。

そして、ご存じの通り、GDPとは一定期間に国内で生み出された付加価値の総額、つま

先進各国のGDP

	GDP（10億米ドル）	一人あたりGDP（米ドル）	人口（人）
アメリカ	20,494.1	62,606	329,064,917
日本	5,594.5	44,227	126,860,301
ドイツ	4,356.4	52,559	83,517,045
イギリス	3,037.8	45,705	67,530,172
フランス	2,962.8	45,775	65,129,728
イタリア	2,397.4	39,637	60,550,075
韓国	2,136.3	41,351	51,225,308
スペイン	1,864.4	40,139	46,736,776
カナダ	1,836.8	49,651	37,411,047
オーストラリア	1,318.2	52,373	25,203,198
台湾	1,251.5	53,023	23,773,876
オランダ	969.2	56,383	17,097,130
ベルギー	550.5	48,245	11,539,328

注：購買力平価ベース
出所：IMF、国連のデータ（2018年）より著者作成

りは労働者の給料や企業の利益、政府などが受け取る税金、お金を貸した人が受け取る利息などをまとめたものです。

効率良く働くことだとか、残業を削減することなどとはほとんど関係のない、「お金」の話なのです。この「お金」が日本はドイツと比べて際立って低いのです。

日本は一人あたりGDPが世界第28位（2018年、購買力調整後）ということはよく知られていますが、上の図の先進国のGDPランキングをご覧になっていただければより詳しくわかります。

日本の一人あたりGDPは4万4227ドルですが、ドイツは5万2559ドル。日本よりも低いのは、韓国、スペイン、イタリアくらいです。

GDP総額の順位と人口の順位が見事に合致しているのと対照的に、一人あたりGDPに関してはバラバラで、日本など一部の国が低迷しています。そして、もうお気づきでしょうが、一人あたりGDPの低い国というのは往々にして、経済成長で苦戦を強いられている国なのです。面白いことに少子化が進んでいる国でもあります。

先述したように、日本は昔から生産性が低かったわけではありません。戦後、諸外国と同様に継続的に向上していました。1990年には世界9位でした。1992年ごろから急に低迷しはじめて、右肩上がりで生産性が上がっていく諸外国と徐々に差が開きはじめたのです。

二つのデフレ要因

さて、ここまでくると「先進国の中で唯一、経済成長していない」という問題の原因が見えてきたのではないでしょうか。

先述したように、経済成長は人口増加と生産性向上という二つの要因から構成されています。これは人類の歴史が証明した事実であり、世界の主要な文明国の経済成長を振り返れば、半分は人口増加で、半分は生産性向上という形で、はっきりと整理できます。

日本は、1990年代に入ってから、GDPと因果関係のある人口が増加しなくなることに加えて、一人あたりGDPも他の先進国と比べて低迷しています。そのようなダブルパンチが、日本経済の成長力を奪ってしまっているのです。

日本経済が成長しない理由を、様々な人たちが考察しています。技術力の低下、国民性、教育の問題、さらには日本を貶《おとし》めたい勢力が成長を阻んでいる等の陰謀論まで多種多様の解説がなされていますが、私からすれば、無理にそのような複雑な話に持っていく理由がわかりません。

この問題はごく単純で、GDPに影響を及ぼす生産年齢人口が増えない、同じくGDPに影響を及ぼす生産性も低迷しつづけているからに過ぎないのです。

そして、実はこの二つというのは、先ほど挙げたもう一つの日本が抱えている「デフレから脱却できない」という問題にも大きな影響を及ぼしています。

海外の最新研究では、人口減少はそれだけでデフレの要因になるとされています。

中でも、その「主犯」と目されているのは、不動産です。人口が減少すると、不動産の需要が減ります。しかし、だからといって、不動産のストックもすぐには減少しません。これは人口が減少している日本で、新築住宅建築件数がさほど減っておらず、空き家率がなかなか改善しないことからもわかっていただけることでしょう。

需要は減っているのに、供給は減らないとなると、価格の低下が始まります。不動産からのデフレ圧力が強まるというわけです。

さらに付け加えると、「少子高齢化」もデフレと因果関係があることが最新の研究でわかっています。その代表がＩＭＦ（国際通貨基金）の分析で、ここでは65歳以上の人口が増えることはデフレの要因になると断言しています。

学問的に見ると、高齢者は、資産はありますが、収入は少ないので、デフレを好みます。そのような「デフレ好き」の高齢者が増えれば当然、その「民意」を反映した政治になるのは明らかです。「シルバー民主主義」などと揶揄《やゆ》され、高齢者優遇政策が多いと指摘される日本がデフレに陥るのは、まったく理にかなっているのです。

このような「人口減少」や「少子高齢化」という日本の代名詞ともいうべき二つのデフレ

要因に加えて、賃金の低下もそのデフレを悪化させています。

デフレスパイラルの罠

この20年間、先進国の賃金が1・8倍増加している間に、日本は9％減少しています。結果、GDPに占める給料の割合、つまり労働分配率が低下しています。労働分配率の低下は、典型的なデフレ要因とされています。ではなぜ労働分配率が低下しているのでしょうか。

人口が増加している国では、消費者の数が増えるので、潜在的な需要も毎年増えていき、常に需給がタイトな状況にあります。そのため「消費者の数は十分なのにお金が足りないデフレ」に陥る可能性があります。もし、短期的な供給に比べて需要が足りないということになった場合は、中央銀行が金利を下げ、銀行へお金を回します。若い人や新しく家族をつくった人たちがお金を借りて家などを買うことで、需要が戻って、価格も上がりやすくなります。

しかし、人口が減少している国では、消費者が減る分だけの需要が永久に消えます。金利やお金の量で需要は戻りません。いまの日本は、まさにこの現象のど真ん中にいるということとなのです。消費者の数が足りないために起きるデフレです。

もっとわかりやすく話しましょう。個人消費総額は人口の数と消費額で決まります。ですから普通は、消費性向が強い若い人へとお金を回すと個人消費総額が増え、景気が良くなるという流れです。10人の1000円を1100円に増やせば総額1万円が1万1000円になります。

しかし、人口が減少している国では、一人あたりの消費総額が増えたところで、その増加分が、消費者の数の減少分を上回らない限り、個人消費総額は純増しません。つまり、景気が良くならないのです。10人の1000円を1100円に増やしても、10人が9人になれば総額1万円は9900円に減ってしまいます。

「人口減少」が従来の経済政策に対して様々な形で悪さをするということがご理解いただけたと思います。では、人口減少国家の日本において、このような悪さをさせないためにはどうすればいいか。唯一の効果的な手立ては、賃金を上げることしかありません。

なぜ賃上げが有効なのかということは、これまでも著書などでも詳しく解説してきましたので、ここでは簡単に説明しましょう。

低賃金労働者が多い理由

日本経済の大半は個人消費が占めています。では、その個人消費の源は何かというと、「賃金」に他なりません。そこで想像してみてください。

たとえば、平均年収が４２０万円の人が２人いたとしましょう。彼らが稼いだお金をすべて使うと、個人の消費総額は８４０万円です。しかし、これが１人減ってしまったらどうでしょう。個人の消費総額は４２０万円と２人の時に比べて半分になってしまいます。もしそれまでの個人消費を維持しようと考えたら、この１人の年収を８４０万円にするしかありません。

つまり、人口が減っていく中で日本経済の源泉である個人消費を維持していくには「賃上げ」をするしかないのです。

そんな単純な話なのかと思う方もいるかもしれませんが、問題の本質はきわめてシンプルです。専門家というのは往々にして、難解な言葉や理屈を並べた経済対策を持ち出します。金融政策、財政拡大、ＭＭＴ、ＩＣＴ、技術力、最先端技術、ウーマノミクスなどなど、字面は立派ですが、結果が伴っていません。

これは当たり前です。人口が減るので、賃金を上げなくては消費が減る。「420×2」が「420×1」になればどうなるのかという、子供でもわかる理屈を見落として、話を複雑にしているので効果が現れないのです。

一方で、日本では以前よりも生産性が上がっているのに、賃金は下がっているという現象も起きています。

そこには、企業の競争に加えて、他に二つの要因があります。一つは働く女性の増加ですが、あと一つは規制緩和の影響です。これまでの雇用規制が緩和されたことで、非正規雇用が増加して、賃金水準が下がっているのです。そして、さらにこの事態を悪化させているのが、先進国の中でも際立って低い最低賃金です。

女性と非正規労働者が、最低賃金及びそれに近い水準で働いているケースが多いことは言うまでもありません。つまり、規制緩和と最低賃金の低さという二つの要素がからみあったことで、先進国の中でも低い賃金で働く労働者を際立って増やしてしまっているのです。

賃金はやはり最低賃金が基準となりますので、その基準が低ければ低いほど、賃金低下によるデフレの下限も低くなっていくのです。

各国・地域の最低賃金（2019年）

国・地域名	最低賃金（購買力平価、米ドル）
サンマリノ	12.00
ルクセンブルク	11.85
オーストラリア	11.83
フランス	11.53
ドイツ	11.07
ベルギー	11.00
ニュージーランド	10.79
オランダ	10.47
イギリス	10.26
台湾	10.09
アメリカ	9.33
オマーン	8.33
韓国	8.32
スペイン	8.19
カナダ	8.09
スロベニア	7.63
サウジアラビア	7.43
日本	7.10
ポーランド	6.90
マルタ	6.80
イスラエル	6.59
ギリシャ	6.43
香港	5.81

出所：各国の資料より著者作成（日本は2018年）

日本の労働者が他の先進国と比べて驚くほど賃金が低いのは、各国・地域の最低賃金を並べた図表をご覧になっていただけば一目瞭然でしょう。

日本は韓国、スペインよりも低く、ポーランドよりもちょっと多いくらいです。GDPでは「格下」と見下ろしていたドイツ、イギリス、フランスなどの最低賃金に遠く及びません。しかも、これらの先進国とのギャップはずっと開いたままです。

世界第3位の経済大国で、世界有数の優秀な労働者がいる。そんな評価と相反するような、賃金の低さという問題が日本にはあるということなのです。そして、この驚くべき「賃金低下」が「デフレ圧力」となっていることに詳しい説明の必要はないでしょうか。

人口が減っているので、潜在的な消費総額は減ります。需要が減るので、売り上げを守るために、企業は製品やサービスの価格を下げて対応します。すると売り上げは回復せず利益が減っていきますので、値下げはどこかで限界になります。では、そのしわ寄せはどこへいくのかというと、労働者です。

利益が減ると、経営者は人件費を下げます。政府が許す限りの最低賃金まで減らそうとします。労働者側からすれば賃金や時給が減るので、消費を控えます。その結果、さらに需要が減ります。

このように「賃金の低下」が引き起こす「負のスパイラル」が現実のものとなっていることは、近年、日本社会で発生している非正規雇用の増加、ボーナスの削減、サービス残業の増加などの労働問題が雄弁に物語っています。

つまり、「失われた20年」は実は、「賃金の低下」によってもたらされた蟻地獄のようなデフレの渦に飲み込まれ、もがいてきた歴史とも言えるのです。

もっと言ってしまうと、日本のデフレは、国としてのあり方がまったく違うにもかかわらず、アメリカの物真似をして、雇用の規制緩和を進めてしまったことが大きな要因です。

なぜアメリカの物真似ではダメか

日本で発言力のある経済学者や、エコノミストは、とにかくアメリカ経済を崇拝する傾向があります。彼らは、アメリカの成長率の高さの要因を、自由経済、規制緩和、シリコンバレーなどテクノロジー産業の成長、解雇規制が緩くて労働市場の流動性が高いこと、ベンチャー企業、などに求めがちです。

そのため、日本経済が伸びていないとなると安直に、アメリカを見習って自由経済推進の政策や、規制緩和を推進すればいいと提言します。

ただ、ここに大きな落とし穴があります。アメリカと日本では人口動態という決定的な違いがあるのです。経済と関係のある人口が増えつづけているアメリカを、人口が減少している日本が表面的に模倣をしても、同じような結果が得られないのは当然なのです。経済成長と人口に因果関係があることは、世界的にも認められていますが、経済成長と、自由経済や規制緩和は、要因分析をしてみると、その因果関係の確認ができていません。むしろ、規制緩和は賃下げの要因になり得るので、マイナスに働くと指摘する分析もあるのです。

実はこの落とし穴が、デフレの正体の一つではないかと私は思っています。つまり、人口が減少しているにもかかわらず、人口が増加しているアメリカの真似で規制緩和をしたことで、「賃金の低下」を引き起こしてしまった。その二つの要因が、日本経済の最大の柱である個人消費を冷え込ませて、長期的なデフレを引き起こしてしまったのです。

このような構造がわかれば、日本がこれからさらに深刻な事態へ追い込まれていく、ということが容易に想像できるのではないでしょうか。

さらに人口が減っていくと、ますます国内需要が減っていきます。そして、少子高齢化が進行していくので、いままで以上に「デフレ」を求める民意が増していきます。ここへさらに駄目押しのような「デフレ圧力」となるのが、外国人労働者です。

現在、政府が拡大政策をとっている「外国人労働者の受け入れ」は、低賃金・低待遇で日本人労働者に敬遠されている人手不足業界を救済するものです。しかし、これも「賃金の抑制圧力」につながりますので、デフレ圧力となることは明白です。つまり、どういう理屈をつけても、労働人口における低賃金労働者の割合を高めることにしかならないのです。

唯一の解決策

さて、ここまで日本が長く抱えてきた「経済成長できない」「デフレから脱却できない」という二つの問題の本質的な原因を整理してきました。

皆さんと一緒にこのような作業をしたのは、実はここに新しい時代のグランドデザインを考えていくうえで非常に大きなヒントが隠されているからです。

日本が新しい時代へ歩んでいくうえでの必要不可欠な指針＝グランドデザインを航海する「海図」とするなら、「コンパス」のようになくてはならないものです。

では、それは何でしょうか。

私の著書をこれまでお読みになっていただいている方ならば、もうおわかりでしょう。そう、「生産性の向上」です。

「経済成長できない」「デフレから脱却できない」という二つの問題にはどちらも、「人口減少」と「生産性の低さ」（賃金の低さ）が大きな影響を与えています。

このようなお話を著書や講演でさせていただくと、読者や聴衆から、「生産性向上も必要かもしれないが、それよりもまずは人口減少を食い止めるために少子化対策を打つべきではないか」というご意見をたまに頂戴します。

その問題意識はよくわかります。しかし、現実問題として、残念ながら「人口減少」というのはすぐには改善できません。仮に現在、効果的な人口増加の施策が打たれ、出生率が劇的に改善されたとしても、この子供たちが消費者や労働者になるまで20年近くかかります。その間に、日本の財政は悪化していく一方です。

少子化対策を打つ意味がないと言っているわけではなく、このような政策はすぐに効果が出るものではないので、30年前、あるいは20年前にやるべきでした、と申し上げたいのです。

若い人はお金がない

政府や自治体は、保育園を活用した子育て支援や、男性の育児参加などを呼びかけていますが、私にはそれらは「対症療法」に過ぎないと感じます。

いわゆる有識者や専門家が表面的な問題に対して感覚的に対策を考えているだけに過ぎず、実際に子供をつくろうとしない人たちに話を聞くなど、少子化の根本原因まで徹底的に分析しているようには思えないからです。

いま、子供をつくろうとしない日本の若いご夫婦には、「所得が上がらないことには、出産や育児の不安がある」という声が非常に多いのも事実です。教育費自体が高いのではなくて、いまの給料と比べて高いということなのです。つまり、少子化の根本的な原因は、子育て支援がないからとか、男性が育児参加しないからではなく、「若い人はお金がない」からである可能性が高いのです。

ならば、必要なのは「対症療法」ではなく、「経済成長」や「デフレ脱却」という「根治療法」です。少子化対策にいますぐ取りかかるべきだという人たちの気持ちはよくわかりますが、この根本的な原因である「経済問題」を解決しないことには、その対策もあまり功を奏さないという、なんとも悩ましいジレンマがあるのです。

「生産性」が上がっていけば、日本が抱えている様々な問題が解決されていきます。まず、長年の悲願だった「経済成長」が始まります。

一人あたりのGDPが他の先進国並みに増えれば、日本全体のGDPも上向きます。その根拠となるのが、1990年から2015年までの25年間、日本など先進国の人口増加率、生産性向上率と、経済成長の関係です。

日本はこの25年で人口は0・11%、生産性も0・77%しか向上できていません。GDPというのは「人口×1人あたりGDP」ですから当然、経済成長率も0・88%という残念な結果となってしまいます。

しかし、他の人口増加率の低い先進国ではイギリスやフランスも生産性が向上しているので、経済成長率が2・01%や1・48%となっています。また、EU全体で見れば、経済成長率は1・64%となっています。

これはつまり、人口増加が低迷したとしても、生産性をきっちりと向上していけば先進国は経済成長することができるということです。日本もこれを実行に移せばいいのです。

そして、忘れてはいけないことは、それによって国民生活を豊かにする、という本質で

人口増加要因と生産性向上要因で見た経済成長率（1990 ～ 2015年）

	人口増加要因（%）	生産性要因（%）	経済成長（%）
世界	1.32	1.42	2.74
アメリカ	0.98	1.40	2.38
EU	0.26	1.38	1.64
オーストラリア	1.33	1.77	3.10
ノルウェー	0.85	1.59	2.44
カナダ	1.02	1.26	2.28
イギリス	0.52	1.49	2.01
オーストリア	0.44	1.38	1.82
フランス	0.53	0.95	1.48
日本	0.11	0.77	0.88
イタリア	0.28	0.36	0.64

注：成長率は実質GDPで算出
出所：世界銀行データより筆者作成

す。生産性向上はそもそも、賃金の引き上げのために行います。賃金が上がるということは、国民の生活も向上するということなのです。「賃上げ」と「生産性向上」は本来ほぼ同義語と思っていただいていいでしょう。

この「賃上げ」が最強のデフレ対策であることは言うまでもありません。

繰り返しになりますが、ここは大変重要なことなので、もう一回説明します。

日本経済、すなわち日本のGDPの半分以上は個人消費で構成されています。この個人消費を刺激できれば、経済を活性化させて、デフレ圧力を吸収することができます。

と言うと、日本政府は「量的緩和」など金融政策でそれを実行しているじゃないかという指摘があるかもしれませんが、人口減少社会は、金融政策だけでは個人消費を喚起できないということが世界の経済学の「鉄則」になりつつあります。

「賃上げ」から生産性向上へ

では、どうすればいいのかというと、通貨量は増やしながら、賃上げをしていくのです。個人の所得が上がれば、消費は自然に喚起されます。つまり、総需要が縮小することがないので、需要と供給のバランスが保たれて、デフレ圧力を吸収することができるのです。ここは日本の新しいグランドデザインを描いていくうえで、きわめて重要なポイントです。

それはつまり、「人口減少」というこれまで経験したことのない大きな変化に直面した日本が「新しい時代」を踏み出すために描くグランドデザインは、いかに日本社会に「賃上げ」をさせていくのかということが主たるテーマになるということです。

私はこのような「賃上げ」の重要性を、2014年から著書等で訴えてきました。2014年秋に出した『イギリス人アナリスト日本の国宝を守る――雇用400万人、GDP8パーセント成長への提言』（講談社）、そして翌年に出して、山本七平賞をいただいた『新・観光立国論』から最新刊の『日本人の勝算』（ともに東洋経済新報社）まで繰り返し、「生産性向上」の必要性を訴えてきました。

人口減少に直面した日本が現在の水準の社会保障を維持するには、とにかく新しい需要が必要不可欠です。それを実現するにはまず、これまでほとんど成長していない産業、すなわち観光戦略に力を入れるべきだという提言をさせていただきました。その甲斐あって、2015年時点では2000万人程度の訪日外国人観光客が2030年にその3倍の6000万人にも届きそうになり、観光産業が活況を呈するようになりました。

しかし、観光だけでは日本の諸問題は解決できません。そこでもう一つ日本経済成長の切り札として私が提言したのが、「生産性向上」なのです。それを踏まえて、私が考えた日本のグランドデザインの骨子は以下の通りです。

1）地方創生のための観光戦略
2）特に人口減少によって消費されなくなる商品の輸出促進
3）強い中堅・大企業の数の増加促進

4）経営者教育
5）技術の普及による生産性向上
6）デザイン性の向上
7）女性活躍
8）社員教育
9）最低賃金の継続的な５％引き上げ
10）全国一律最低賃金への移行

このグランドデザインの細かな内容については、前著『日本人の勝算』で詳しくご紹介していますので、本書では繰り返しません。ここではポイントだけ説明させていただきます。

特筆すべき点は二つあります。まず、一つは、強い企業の数を増やすこと。そしてもう一つは、最低賃金をどうするかということです。

前者は言うまでもなくこの本のメインテーマにもなっていますが、実はそれも後者がなくては成立しません。後ほど根拠を示して論じていきますが、最低賃金の引き上げがなければ、経営者は生産性向上に真剣に取り組みません。

つまり、「最低賃金の引き上げ」は、日本のグランドデザインを動かすための原動力となっているのです。

おかげさまでこの提言は、著書をご覧になっていただいた方、ネットの記事、あるいは講演等を介して、多くの方たちに知っていただくことができました。

社会にも驚くほど「生産性向上」という言葉が浸透しました。経済記事では当たり前のように「生産性向上」という単語を見つけることができます。たとえば、今年2月5日の『日本経済新聞』では、日本経済史が専門の岡崎哲二東京大学教授が「生産性の上昇」について述べています。

書店にいけば、私の『新・生産性立国論』（東洋経済新報社）をはじめ「生産性」と名のつく経済本が多く並んでいます。

「変わりはじめて」はいるが……

このような社会の関心の高まりは当然、政治にも反映されています。

2017年5月から政府は「生産性向上国民運動推進協議会」を主催し、経団連や業界団体などの代表者と、生産性向上について議論を重ねてきました。同年9月には、安倍晋三首相が「アベノミクス最大の勝負は生産性革命」と発言して、年末に閣議決定された「新しい経済政策パッケージ」では、2018〜2020年の3年間を「生産性革命・集中投資期間」とし、日本経済の生産性向上を目指す時期として位置付けました。これを受けて、財務省、経産省なども生産性を向上するための政策を次々発表しています。

もちろん「生産性向上」というスローガンが独り歩きしないよう、その本質にも目を向けられています。安倍首相は経済界に対して、6年連続で賃上げを要請しています。

そう、時代は確実に変わりはじめているのです。

しかし、厳しいことを言わせていただくと、「変わりはじめている」だけです。変化の兆しはありながらも、相変わらず賃金は低いままで、生産性も他の先進国と比較して際立って低いという状況には、それほど改善は見られません。

変わらなくてはいけない。変わるべきだ。そのような声が増えつつありますが、現実に数値としての変化はそんなに現れていませんし、現実の日本社会もほとんど何も変わっていないのです。

危機感や問題意識は徐々に共有されつつあるのに、なぜなかなか変わらないのでしょうか。

実はこれこそが本書のもう一つの大きなテーマです。「はじめに」で日本の歴史を振り返ったように、日本社会では大きなパラダイムシフトが起きるたびに、既存の制度を調整するだけでは間に合わず、古い制度や古い体制が刷新されて、新しい国家グランドデザインがつくられてきました。

しかし、その「移行」は決してスムーズなものではありません。新しいグランドデザインができる時、変化を嫌がる勢力との対立は避けられないということを、日本の歴史が証明しているのです。

実は、現代の日本で新しいグランドデザインをつくっていく際には、もっと激しい対立が予想されます。巨大な人口減少の規模を考えれば、減少する経営資源が奪いあいによって今後社会は大きく揺らぐことになるのは確実なので、その対立はかなり広範囲にわたるきわめて強いものになるはずです。

「日本病」の主犯は

この本は、新しいグランドデザインをつくっていくことを目的としています。その目的を達成するには、「変化を嫌がる勢力」というのはいったい誰なのかを明確にして、なぜ彼らが「変化」を拒否するのか、そしてどうすれば「変化」を受け入れるようになってくれるのかがわからなければいけないのです。

そう聞くと、「犯人捜し」をしているように感じる方もいるかもしれません。対立を煽《あお》るようなことだと誤解をされる方もいらっしゃるでしょう。

ただ、それを曖昧にしてきたことが、日本の「生産性向上」が実行されず、社会に閉塞感を生む原因になっている、という厳しい現実を直視すべきではないでしょうか。

病気を治療するには、その病気の原因がわからなくてはお話になりません。原因がわからなければ、手術がいいのか、薬物療法がいいのかなど対策がまったくわからないのです。

これはいまの日本にもあてはまります。「生産性向上」というかけ声は至るところで上がっているのに、どういうわけか生産性が思うように向上しない。これもある意味で、日本経済を蝕《むしば》んでいる「病」なのです。

ならば、この「病」の原因を突き止めないことには、治療はできません。つまり、誰が、なんのために、どうやって、「生産性向上」の動きを阻んでいるのか、ということをはっきりとさせるのです。

犯人を吊るし上げるようで、いい気分はしないのは事実です。だから、日本の経済評論家やアナリストたちはずっとこのような話を避けてきました。その配慮が皮肉にも、この問題をここまで深刻にしてしまった側面もあるのです。

私も、多くの人に恨まれるようなことはできれば言いたくありません。しかし、日本経済が危機的状況であるのは動かしがたい事実であり、一日でも早く新しいグランドデザインのもとで、「生産性向上」に踏み切らなくてはいけないのです。

だからこそ心を鬼にして、本書では「生産性向上」を阻んでいる人たちを明らかにします。それは、彼らを批判するためではなく、なぜ彼らがそのような動きに出てしまうのか、そしてどうすれば「生産性向上」へと舵を切ってもらえるのかを、皆さんとともに考えるためです。

私はオックスフォード大学で学んだ時期から数えて36年間、日本経済について勉強をしてきました。そして、そのうちの28年間を生産性の分析に費やしてきたのです。

日本経済の問題点は何か。なぜ日本ほどの労働者の質が高い国の生産性が向上しないのか。その疑問を突き詰めて、突き詰めて、あらゆる仮説を立てては、それを検証して潰してきたのです。その作業には膨大な時間がかかりました。

たとえるのなら、タケノコの皮を一枚、一枚と丁寧に剝がしていくようなものでした。それが最近になってようやく皮をむききって、タケノコの「芯」にまで到達したのです。

では、日本経済の最大の問題点とは何なのか。生産性が向上しない最大の原因は何なのか。

これは日本人にとってかなり衝撃的な話かもしれませんので、次章ではかなり丁寧で緻密な説明が必要となりますが、ここではまず結論から先に申し上げましょう。

それは「中小企業」です。

日本の「生産性向上」の障害となっているのは、日本企業の99・7%を占めて、これまで日本経済を支えると言われてきた357万の中小企業なのです。

第2章　日本経済の最大の問題は中小企業

「根本的な問題」は何か

日本でも生産性向上の必要性がこれまでになかったほど語られ、政府や関係機関もそのための取り組みなどを行っているにもかかわらず、なかなか生産性が向上しないのはなぜなのでしょうか。

一般的に、生産性を改善する秘訣は、女性活躍、最先端技術、ＡＩ、ロボット、社員教育、解雇規制の緩和、労働市場の流動性向上、副業、ワークライフバランス、人材投資、人事部の廃止などとされています。つまりこれらが、いままで生産性が低かった原因とされています。

ここまで日本政府はそれなりに意識して、これら生産性向上のための取り組みを推進してきました。専門家たちが、生産性の高い諸外国と、日本との違いを分析して、その違いこそが生産性を下げている要因だとして対策の必要性を訴えてきたからです。「女性活躍」などがその象徴でしょう。しかし、残念ながらほとんど進んでいません。なぜか。

また、さかのぼれば１９９０年代に入ってから様々な経済活性化の対策を打ちつづけてきました。規制緩和策も幾度となく繰り返してきました。しかし、その結果はご存じの通りです。

これこそ生産性が上がらない要因だというものに巨額の税金を投入して対策をしているにもかかわらず、相変わらず日本の生産性は一向に上がらないのです。むしろ、先進国の中で際立って低い水準にまで落ち込んでいます。

これも当然です。私の分析では、一般的に言われている「生産性向上策」を一つ一つ、徹底的に突き詰めていくと、日本ではそれらが生産性向上に結びつかないことは明らかなのです。

専門家たちは「女性の活躍が進んでいない」ことなどが、「根本的な問題」「生産性が向上しない理由」だと主張をしますが、私に言わせれば、それらはもっと「根本的な問題」が引き起こした「結果」に過ぎません。「女性活躍が進まないから進めるようにしよう」ではなくて、「そもそもなぜ進まないか」を追求しないといけません。その本当の原因に手をつけることなく、「結果」だけを見て、手厚い対策を打っても、事態は何も改善しないことは言うまでもありません。つまり、日本で「女性活躍」などの生産性向上策が効果を生まないという事実は、日本の生産性向上議論が「根本的な問題」にまで届いていないことを、雄弁に語っているのです。

「女性活躍」だけでは解決しない

「根本的な問題」を把握していないので、すべての対策が勘違いで、場当たり的な「対症療法」になってしまうのです。何よりも、これまでの日本政府が打ち出してきた経済政策によって生産性が向上していない、という厳然たる事実がすべてを物語っています。

厳しい言い方ですが、これらの政策だけで、日本の生産性が向上すると主張される方は、よほどの楽観主義者か、この問題について非常に表面的で浅い分析をしている、と言わざるを得ません。

先述したように、日本は女性が活躍できていないから生産性が低いという指摘があります。日本は、伝統的に男尊女卑社会なので、まだまだ女性の社会進出が進んでいない。だから、女性活躍を促すように企業へ補助金を出したり、規制を改めたりするべきだというのです。

確かに、女性活躍と生産性向上に因果関係は確認されています。ですので、女性活躍のキャンペーンをやればいい、というような安易な政策に流れがちなのです。

理屈としては間違っていませんが、私はこれには同意できません。

冷静になって考えれば、キャンペーンくらいで女性活躍が進むのなら、とっくに日本の女性活躍は達成されています。それができていないということは、もっと深く、もっと複雑なところに女性活躍を阻む要因があるというのは明らかです。

分析をしていくと、日本に未だに男尊女卑が残っているために女性の活躍が進まないというのは、きわめて表面的な話です。さらに深い分析をしていくと、女性の活躍を阻む根本的な社会構造があることがわかります。ここに手をつけないことには、どんなに女性活躍加速化助成金を出しても、どんなに規制を変えたりしても、女性活躍は促されません。

それはつまり、本格的な生産性向上にも繋がらないということです。

いつも空振りの「国策」

では、根本的な社会構造とはなんでしょうか。

それは「中小企業が多い」ということです。正確に言うと、中小企業の中でも非常に小さい企業で働く人の割合が高いからです。のちほど数字を出して説明しますが、この比率が日本では異常なほど高いのです。

企業の規模が大きくなればなるほど、女性の活躍が活発になることがわかっています。大きな組織というのは一般的に、人材が豊富で、人材のマネジメントにも余裕があるので、働く女性ならではの様々なニーズに対応ができるからです。裏を返せば、「中小企業が多い社会」は必然的に、「女性が活躍しにくい社会」になるのです。これは差別云々の問題ではなく、産業構造の問題です。

当然小さい企業が増えれば増えるほど女性活躍の場は少なくなります。そして、実はこれは女性活躍だけではありません。「中小企業が多い」という社会構造は、日本が抱える多種多様な問題の根っこにつながっているのです。国民性と結びつけて語られますが、有給休暇の取得率を見ても、企業の規模が小さくなるほど低くなっています。

読者の皆さんは、なぜ日本政府が鳴り物入りで掲げる、働き方改革などの「国策」が大した効果もなく、空振りに終わってしまうことが多いのか不思議に思ったことはありませんか。政府が生産性向上を掲げてから数年が経過していますが、日本の生産性は低いままです。最先端設備を積極的に導入すべき、と補助金まで出して支援していますが、ＩＴなどの導入はそれほど進んでいません。国がグランドデザインをつくって、旗を振ったところで、社会ではなかなかその通りのことが起きていないのです。

この原因については、様々な有識者が、様々な立場から分析されています。その中では、リーダーシップを発揮しなくてはいけない政治家が無能だから、行政が縦割りで官僚が省益ばかりを考えているから、など主に政治や行政にその理由を求めることが一般的です。

しかし、実は国策がうまく機能しないということも、その根底にあるものを分析していくと、「大企業に働く人が少なくて、中小企業に働く人が多い」という社会構造に突き当たります。日本には、この問題意識がなさすぎます。


たとえば、最先端技術の導入について考えていきましょう。

日本企業が生み出す最先端技術は、世界に誇れるレベルではありますが、その割には社会への普及率が低いことで知られています。なぜこういう矛盾が生じるのかというと、やはり中小企業が多いからです。

最先端技術の導入にはお金がかかります。しかし、中小企業は大企業よりも売り上げが少なく、利益などの絶対額も少なくなります。よって、設備投資にかける、まとまったお金がないのです。ということは、せっかく最先端技術があっても、中小企業が多いと、それを十分に普及させることができないのです。

そこで、原因と結果を見きわめていない国としてはどうにかして普及を進めるために補助金を出すという策へと走っていくのですが、結局、日本企業の半分を占める、売り上げ規模が1億円弱程度の企業の場合、そこまでして導入しても、最先端技術を使いこなすメリットがあまりありません。たとえば、社員が十数名しかいないような小さな会社に、ペーパーレスで画期的な経理システムを導入することにどれほどの効果が望めるでしょうか。

売り上げや経費もそれほど大きくないので、わざわざ最先端会計ソフトを導入するまでもなく、これまで通りの「紙」でも十分やっていけます。小さな企業が、コストと時間をかけて最先端技術を入れるメリットはありません。

つまり、「効率の悪い方法でもやろうと思えばやれてしまう」という規模の小さな企業が世に溢れていることが、最先端技術の普及を阻むという、皮肉な現象が起きているのです。企業の規模が小さくなればなるほど、技術を買うお金がないうえ、買うつもりもない。仮に買っても活用できない。この三点セットを政府は理解できていません。

補助金は「焼け石に水」

日本はいま、国を挙げて最先端技術を活用して、社会の至るところへ普及させるＩＣＴ革命を推進しています。また、それらの技術を世界へ輸出していこうとも呼びかけています。

しかし、中小企業が多いと、その恩恵を受ける企業が少ないので、せっかくの最先端技術も普及しません。国内ビジネスとして成り立たなければ当然、海外への輸出も難しくなってきます。つまり、日本が中小企業の多い国のままでは、ＩＣＴ革命は絵に描いた餅で終わってしまうのです。

また、国は民間に社員教育の必要性を訴えていますが、「中小企業が多い」という社会構造から、これも残念な結果に終わる可能性があります。

そもそも、社員教育は昨今問題となっている、ＳＮＳの不適切投稿やパワハラなどを防ぐことも期待されていますが、何よりも、生産性に寄与することで知られています。

生産性向上には、社員のスキルアップが不可欠なので、社員教育は必須です。生産性が高い国は社員教育が充実しており、社員教育が充実している国は生産性が高いという相関関係も認められています。事実、アメリカでは企業が年間44兆円に相当する社員教育予算を使っています。

では、日本はどれくらいかというと、年間予算は５０００億円程度。一人あたりだと年間1万円程度で、教材費にもなりません。

そこで、日本でも文部科学省に予算を与え、社内教育や外部研修制度を充実させていけば、自ずと日本の生産性も上がっていくのではないかという人たちがいます。

考え方の方向性としては間違っていませんが、残念ながら現時点では、この政策にいくら予算をかけても空振りに終わる可能性が高いのです。そう、これもご多分に漏れず、中小企業問題がネックになっているのです。

世界的に見ても、企業が大きくなればなるほど、社員教育が充実される傾向があります。大企業は研修などにお金を使う余裕もあり、研修に割く時間も融通がきくので、社員教育を施しやすいのです。大企業は生産性向上の最前線でもありますので、その生産性向上を実現するべく、新しい技術を勉強する必要が生じる結果として社員教育にお金をかけます。

しかし、日本はそのような大企業はわずかで、ほとんどの労働者が働いているのは、お金にも時間にも余裕がない中小企業です。社員教育の機会が少ないのも当然で、もともと生産性を高めようとしていない企業も多いので、社員教育を施すつもりがない、社員教育をする余裕がないという規模の企業に、いくら補助金をバラ撒いても焼け石に水なのです。社員教育の投資金額が少ないのは結果であって、原因ではないのです。

「中小企業護送船団方式」

政府が掲げる働き方改革の目玉となっている「労働市場の流動性を高める」という国策も、あまり芳しい結果が出ていませんが、これも原因をたどっていけば、後ほど検証する中小企業の護送船団方式という問題に突き当たります。

海外では、企業の新陳代謝が促進されることで、市場の流動性が高まるということを示す調査が山ほどあって、学術的に証明された「事実」です。日本で言われている解雇規制の緩和などの問題だけではないのです。成長できない中小企業が潰れて、また新しい中小企業が生まれるということが繰り返されることで流動性が高まります。

また、海外では、中小企業に働いている従業員が、大企業に転職するという流れはあまりなく、大企業に働いている人がその経験と組織運営の知識を武器に中小企業に転職したり、起業したりすることが一般的です。大企業は「経営の大学」のような位置付けなのです。

このような人材の流れなので、アメリカのように大企業に働く労働者の比率が高い国になればなるほど、流動性が高まります。しかし、日本では大企業で働く人材が異常に少ないので、このような流れを一般化するのは無理です。しかも、護送船団方式に象徴されるような、中小企業保護政策のおかげで、大企業で働く労働者の比率はきわめて低くなっています。

このような因果関係を直視しないままで、政府がどんなに労働市場の流動性を高めると旗を振っても、その一方できわめて小さい企業を保護する政策を続けている限り労働市場の流動性は低下するだけなので、苦労が報われることはないということです。要するに、労働市場の流動性が低いのは「中小企業護送船団方式」の結果であって、その名残を未だにありがたがっているようでは、いつまでたっても流動性を高めることはできないのです。

日本の生産性が低いもう一つの説明要因は輸出が少ないことです。一見して日本は世界第4位の輸出総額を誇る輸出大国に見えますが、これも経済と同じで、人口の影響もあります。GDP対比にすると日本の輸出額は世界160位で、日本より少ない先進国はアメリカだけです。表面的に見れば、輸出促進策を打つべきと言いたくなりますが、輸出促進策を進めても、なかなか輸出が増えない。その問題にも、中小企業の多さが関係しています。輸出というのは、中堅企業など、規模の大きな会社だから実行できます。生産性がすでに高い企業は輸出ができますが、生産性の高さは企業の規模に比例するので、結局、企業の規模次第で輸出に結びつくという結論に至るのです。

製品やサービスを生み出して、それを別の国へ持っていき、現地で売れるような仕組みをつくるというのは、ノウハウや資金という前に、まずその体制をつくりあげるだけの「社員の数」が必要になります。

それは裏を返せば、それだけの規模がない企業は、そもそも輸出ができないということですので、規模の小さい中小企業が多いと、輸出という事業に踏み切ることができる企業が圧倒的に少ないということになります。いくら政府がＪＥＴＲＯ（日本貿易振興機構）を使って、海外進出や輸出を応援しますと言っても、輸出が増えないのも当然のことなのです。

このように、中小企業が多いということに起因する問題は例を出せばきりがありません。厳しい言い方かもしれませんが、中小企業が多すぎるということが、社会保障システムの崩壊だけではなく、日本社会に様々な暗い影を落としてしまっているのです。

データ分析の結論

断っておきますが、中小企業そのものが悪いという結論ありきで、強引に結びつけているわけではありません。それぞれまったく別の問題であるにもかかわらず、深く掘り下げていくと、結局最後には「中小企業」に突き当たってしまうのです。

もちろん、中小企業は雇用から見ても、経済成長から見ても、生産性から見ても、日本経済にはなくてはならない大切な存在です。しかし、女性活躍だけではなく、生産性向上の秘訣とされることがうまく機能しない根本的な原因をたどっていくと、すべて小さな企業で働く人が多すぎるという問題に突き当たります。つまり、日本政府が様々な政策を推し進めても、なかなか日本の生産性が向上しないのは、「中小企業が多すぎる」ということに原因があるのです。違う見方をすれば、大企業の数が足りません。

このような話を聞くと、不愉快になる方も多いのではないでしょうか。中には、怒りのあまりこの本をそのまま閉じたくなってしまう方もいらっしゃるかもしれません。

私自身も小西美術工藝社の代表取締役社長を務めていますので、中小企業を経営することの大変さはよくわかっているつもりです。そのような苦労をしている人たちが、「生産性の低さ」の「犯人」呼ばわりされれば、どんな気持ちになるのか、その悔しさや怒りは容易に想像できます。

しかし、残念ながら、これが日本経済を30年間、研究してきた私が出した結論です。

個々の事情や感情論を排除して、データを客観的に分析していくと、生産性の低さということと、「企業の規模」に因果関係があることは明白です。これを英語では、「economies of scale」と「economies of scope」、つまり、「規模の経済」と、「範囲の経済」と言います。企業規模が大きくなればなるほど、生産性が高いというのは鉄則なのです。

その逆に、企業の規模が小さくなればなるほど、生産性が低くなりますので、小さい企業が多い国は生産性が低くなります。そして、そのようにミクロ企業が多い国というのは一般的には「途上国」と呼ばれます。「先進国」というのは、規模の大きい企業が多くて、生産性の高い国のことを普通は指すのです。

日本がどちらの国を目指すべきなのかは、あらためて言うまでもありません。

つまり、人口増加による経済成長が期待できないいまの日本に求められている生産性向上のためのグランドデザインの中核は、日本中の会社の規模を大きくしていくことに他ならないのです。

低迷の原因は「長い会議」か!?

恐らく、こういった問題意識のズレは、日本ではまだ生産性の議論が十分に深まっていないために起こるのでしょう。

まず、生産性の基本をもう一度確認しましょう。

日本の生産性が低い、というのはようやく世の中的にも一般常識になりつつありますが、まだ一部の方たちが受け入れ難いのが、「日本の生産性ランキングは28位で、大きな先進国の中では最下位」という事実です。その計算方法は日本のGDP約550兆円を全国民の数で割ったものです。これはイタリアや、スペインよりも少し高いくらいの水準です。

しかも、国民全員ではなくて、労働者だけの生産性で見れば、日本はイタリアとスペインよりかなり低いのです。

多くの日本人は、日本という国は、ドイツやフランス、アメリカなどと比べても決して遜《そん》色《しょく》ない力を持っているはずだと思い込んでいます。そのような国と大きく水をあけられていると言われても、なかなか素直に受け入れることができない方が多いのです。

この勘違いを生んだ最大の原因は、人口です。日本は世界13ヵ国しかない1億人以上の人口を誇る国家の一つなので、人間の数の原理によって、多少生産性が低くとも国力やGDP総額などが大きくなるのです。

そこに加えて、もうひとつ大きいのは、日本社会に生産性に対するコンセンサスがないからです。そもそも、生産性というものが何なのかさえ理解していない経営者までいっぱいいます。経済活動をしている人でさえこんな具合ですので、社会全体にも、何をすれば生産性が上がって、何が生産性を下げているのかという共通認識がないのです。

たとえば、日本企業の特徴のひとつである「長い会議」が原因だという人もいれば、サービス残業などの長時間労働が問題だという人もいます。リスクを取らず、なんでも「横並び」を好む組織カルチャーに原因を求める人もいれば、日本型資本主義や、ひいては個人主義よりも団体行動を重んじるように躾ける学校教育に、この問題の源流を探る方もいます。

「国際比較のワナ」への反論

こういった誤解は専門家にまで及びます。今年６月、私の生産性向上論を批判する経済アナリストの記事がネットに出ました。その人の主張は、日本の生産性の実態は、国際ランキングでの評価ほど低くないというもので、その理屈は以下の通りです。

まず、この人はＯＥＣＤ加盟諸国の労働生産性について、「無視することができない欠陥」があると言います。その理由は、労働生産性というのは、「国内の生産量（付加価値額）÷労働投入量（労働者数×労働時間）」で計算されているため、海外進出企業の生産性は算入されないというのです。

かつて日本の製造業は、国内工場で自動車や家電などを生産し、それらを輸出して収益を伸ばすというのが成長モデルでしたが、現在は海外進出に転じています。それらの企業は大企業、中小企業問わず生産性が飛躍的に向上しているので、その分が計上されておらず、それが日本国内の生産性を表面的に低く見せる原因だ、とこの人は主張します。

このように現状の国際比較の方法では、グローバルに事業を展開する企業が海外で高い生産性を達成したとしても、それが国内の生産性には算入されない仕組みであり、このような問題を考慮せずに単純に生産性を比較するのは、「国際比較のワナ」に陥っており、日本の生産性の実態を測ることができない、とおっしゃっています。

では、日本の生産性の実態とはどうかというと、着実に向上している、とこの人は主張します。

その根拠として出しているのが、2018年の経常黒字は19兆932億円となり、平成の30年間で黒字額が2倍超に膨らんでおり、その中で、日本企業の海外での稼ぎを示す直接投資収益は10兆308億円（第一次所得収支の約半分を占める）と過去最大になっているということです。

つまり、生産性の高い企業が国内での生産を縮小し、海外に進出して積極的に生産を進めているので、その反動で、日本の生産性は実感以上に低下しているだけだというのです。

これらの主張は実にもっともらしく聞こえます。経済アナリストの方が執筆しただけあって、経済用語や数字を駆使して全体的に説得力を持たせようという努力も感じられます。ただ、細かな検証をしていけば、残念ながら、生産性についてあまり深い理解をされていないことがわかります。

ポイントは、海外に拠点を移していることが、日本の国際ランキングを実態より低くしているという主張です。その理屈を成立させるためには、日本よりも生産性が高い国と比べて、日本の海外直接投資比率が高くなければいけません。

当たり前ですが、企業が海外進出をしているのは日本だけではありません。日本の企業の海外進出が際立って顕著な現象だとすれば、この経済アナリストがおっしゃるように、ランキングの順位を覆すほど、正味の生産性が高いと考えることもできるかもしれません。

しかし、分析をしてみると、日本企業による海外直接投資は、日本より生産性が高い国に比べかなり少ないことがわかります。日本は世界第3位の経済大国なのに、海外直接投資は世界第7位です。ＧＤＰとの対比では28位です。つまり、積極的に海外進出をしていることで、他の先進国と比べて、日本の生産性を低くしている、という「国際比較のワナ」というロジックは成立しません。逆に、もしそのおかしなロジックを持ち出して海外直接投資まで考慮すると、日本の国際ランキングはさらに低くなってしまうのです。その人云々ではなく、専門家でさえ理解が十分ではないという例のひとつです。

イギリス、韓国との比較

このように、生産性については、誤解が多かったり、頭の整理ができなかったりして、国内における学問的なコンセンサスがない部分が多く、それが日本での生産性をめぐる議論の方向性が定まらない原因の一つとなっているのです。

そして、日本経済の生産性が28位という事実に対して、国内の経済評論家やアナリストたちが、納得できる明確な結論を提示していないということが混乱に拍車をかけています。

国内の専門家の方たちは、日本経済の強みとして、技術力がすごいとか、労働者の手先が器用であるとか、労働者が真面目に働くなどの要素を挙げる傾向があります。このような強みがあるのに、28位という結果はおかしい、納得がいかないという人が非常に多いのです。

そこで、先ほどの人のように、生産性を計算したデータの問題ではないかとか、国際比較はフェアではないのではないかという発想に基づいて、「日本の28位はどう考えても低すぎる」という「結論ありき」の分析へとのめり込んでいきます。ですから、生産性をめぐる議論がどうしても直感的、印象的なものにならざるを得ないのです。

「納得いかない」という問題意識を持つところまでは間違っていません。が、そのあとなぜ納得のいかない結果が出たのか、ということに対する考察が残念ながら浅すぎるのです。私自身、このテーマに取り組んだきっかけは、「納得いかない」からです。

なぜ日本はここまで潜在能力が高いのに、生産性が低いのか。この不可解きわまりない「日本経済最大の謎」の答えを知りたくて、分析を続けてきたのです。

では、日本の生産性がなぜ28位という低い水準なのかという謎を、客観的に考えていきましょう。多くの人たちが納得していないように、他の経済的な評価においては、日本のランキングはかなり上位を占めています。たとえば、先述した日本の人材評価は世界４位、国際競争力は5位、そして特許にいたってはなんと世界ダントツの1位となっています。治安、教育、欠勤率等のランキングでは日本は高い位置にいます。

しかし、一方、生産性は28位ということが示すように、労働者の給料も低く、生活水準もかなり低いというデータには事欠きません。先進国の中で、これらの指標がここまで低い国はないのです。

では、このように個々の人材評価や、国際競争力と、生産性に大きなギャップがある国は、他にもあるのでしょうか。

日本と生産性がそれほど変わらない国にスペインとイタリアがあります。スペインは31位で、イタリアは33位です。では、これらの国の国際競争力はどうかというと、スペインが26位で、イタリアは31位です。国際競争力と生産性がかなり一致しています。

一方、日本ほどではないにしても、このギャップの激しい国もあります。

それは、イギリスと韓国です。

イギリスは国際競争力ランキングが8位ですが、生産性ランキングになると26位と日本をやや上回っています。韓国は国際競争力ランキングが15位なのに対して、生産性ランキングが30位となっています。

日本のように、国際競争力と生産性の評価に開きがある国もあれば、ほぼ一致している国もある。ということは、この「開き」にこそ、日本の生産性が低い原因があると考えるべきです。つまり、国際競争力ランキングでは、イタリアとスペインよりもダントツに高い評価を得ているのに、なぜ生産性になると、イタリアとスペインと同じようになるのかという原因を突き止めるのです。

キーワードは「中小企業」

潜在能力の指標において、日本とイタリアとスペインに共通するような点は見つけられません。しかし、生産性がスペインとイタリアと同じ水準というのは紛れもない事実です。ならば、イタリアとスペインと日本との間に、生産性に影響を及ぼす、何か構造的な共通点があるのではないか。

この謎こそ、この数年私が追い求めていたものです。そして仮説と検証を繰り返して、最終的にようやくたどり着いた答えが、「中小企業」です。

もう少し正確に言うと、「従業員が20人未満という小さな企業」です。イタリアとスペインは日本と同様、規模が小さすぎて、規模の経済が効かない企業に働く労働者の割合が非常に高いという事実があります。それが生産性を低くしているだけではなく、様々な経済的問題を引き起こしています。

だからこそ、生産性が低いのは、「日本の企業文化」のせいではないと断言できるのです。会議が長い、ハンコ・根回し文化、終身雇用に加えて、最近では女性活躍や、社員教育や学校教育など日本社会の課題が、日本の生産性の低さに結びつけられることが多いですが、それがきわめて表面的な結びつけであることは、アメリカを見れば明らかです。

アメリカ社会と比べてみると、日本のほうが社会は安定しています。労働者も日本のほうが勤勉ですし、教育のレベルが高いということにも異論を挟む方はいないのではないでしょうか。

だったら、日本のほうがアメリカよりも国際競争力が高いのかというと、そんなことはなく、アメリカはダントツの世界1位です。生産性に関しても同様で、日本よりかなり高い10位となっています。日本の生産性は28位で、購買力調整済みでアメリカの70・6％しかないのです。

この事実からも、社会や労働文化というのは、生産性にはそれほど大きな影響を与える要素ではないということなのです。

ではなぜ、アメリカの生産性が日本よりも高いのかというと、のちほど数字を示しますが、規模のきわめて小さい企業に働くアメリカ人労働者の比率が世界一低いからです。労働者の数に対して、中小企業の数が圧倒的に少なく大企業で働く比率が高いからです。

このあたりの生産性をめぐる議論は、イギリスとフランスの国際比較も興味深いです。

イギリスはアメリカと同じアングロサクソン型資本主義経済として、政府が整備している規制を含めた社会インフラがかなりアメリカに近い国です。それによって、国際競争力のランキングも高レベルです。では、生産性もアメリカ同様に高いのかというとそんなことはなく、フランスよりも低くなっています。

フランスといえば、労働市場規制などがきわめて厳しいことや社会主義的な経済制度から、アメリカやイギリスの専門家から非効率だとよく批判されています。つまり、ここからも生産性の高い、低いというのは、企業や社会の「文化」はあまり関係ないという結論が導き出されるのです。

そして、「なぜイギリスよりもフランスのほうが生産性が高いのか」というこの疑問も細かく分析していくと、ミクロ企業に働く労働人口比率によって説明ができるのです。

企業の規模と生産性の相関関係

このように考えていくと、日本の生産性を低下させているのは、「日本の企業文化」や「日本社会の問題」などではなく、「本当の原因」があると考えるべきでしょう。いえむしろ、「日本の企業文化」や「日本社会の問題」というのも、この「本当の原因」が長年解決されずに放置されてきたことの結果である可能性が高いのです。

その「本当の原因」とは、「規模が小さすぎる中小企業が多すぎる」というものです。なかなか理解してもらえないことですが、私の分析の核心はこのポイントです。

アカデミックの世界では、現時点でこれはほぼ間違いないだろうという経済理論もあります。それこそが、生産性が「企業の規模」と強い因果関係があるということです。企業規模が大きくなればなるほど、生産性が高くなって、企業の規模が小さくなればなるほど、生産性が低くなる。これは先進国や途上国を問わず共通した傾向で、歴史的にも証明されています。

また、最近では、先進国の国別生産性の違いというのも究極的には、その国の企業規模構成次第という分析結果もあります。大企業に働く労働者の比率が高くなればなるほど、その国の生産性が高く、中小企業に働く労働者の比率が高くなればなるほど、その国の潜在能力を無関係、無意味にするほど生産性に支配的な影響を与える、とまで言われているのです。

これらの分析が物語るのは、生産性が低い、女性活躍ができていない、少子高齢化、年金問題、国の財政問題、少ない輸出比率などという日本経済の問題の多くは、「企業の規模が小さい」という病が引き起こした病状だということです。

この「企業の規模」と密接に関係しているものが、「賃金」です。

従業員の給料は、企業の規模が大きくなればなるほど高くなって、企業の規模が小さくなればなるほど低くなるのは世界の常識で、それは日本も例外ではありません。厚生労働省の分析を見ても、最低賃金に近い水準で働いている従業員の比率も、企業の規模が小さくなればなるほど高くなる傾向にあることがわかります。

そして、「企業の規模」は生産性向上と相関関係があることもわかっています。たとえば、生産性と高い相関関係がある「輸出」をしようと考えれば、やはり海外拠点や海外対応のため、人材が必要になります。より単価の高い商品を開発して、世の中に確実に送り出すためには、より多くの人材が必要になります。

最先端技術を導入する場合も同様で、最先端技術を使いこなすだけの専門知識を有する人材が必要なことは言うまでもありません。そして、技術を最大限に活用できる営業基盤も不可欠です。

そのように従業員が増えれば、研修などの人材開発も行えますし、研究開発への投資もより可能となります。このように「企業の規模」が大きくなれば、それだけ生み出す付加価値も上がって生産性が向上していくというわけです。

「おもてなし」の生産性

このように企業の規模と生産性の相関関係はきわめて強いことがわかっていますが、強調しておきたいのは「因果関係」ではないということです。実は、生産性と因果関係があるものを徹底的に分析していくと、労働者の給与水準がもっとも因果関係が強いことがわかっています。高い給料をもらっている従業員の生産性が一番高いからです。

給与水準の高い企業というのは、大企業である場合が多いことは言うまでもありません。生産性と因果関係の強い「高い給料」と密接に関係があるのが「企業の規模」なので、結果として、生産性と「企業の規模」に強い相関関係が生まれているという構図なのです。

つまり、企業の規模を大きくすれば自動的に生産性が上がるという話ではなく、生産性向上のために必要不可欠な賃上げを実行に移せば、経済原則として、企業の規模の拡大が必要となっていくのです。

企業の規模が拡大されれば、アダム・スミスの時代に明らかにされた、労働分割による専門性向上が引き起こされることは言うまでもありません。それはすなわち、生産性が上がるということです。

企業の規模と生産性の相関関係の有無は非常に興味深いポイントです。ドイツの学者がまとめた素晴らしい報告書によると、輸出を持続的にできる企業の社員数は、輸出が持続的にできない企業の約3倍となっているそうです。ただ、ここで注意しなくてはいけないのは、単純に社員数が多いから輸出ができるという因果関係ではないということです。データ分析によって、企業の給与水準が高くなればなるほど輸出ができるという因果関係が認められており、それだけの給料を払える企業というのは、その給料を払えない企業と比較して、結果として、およそ3倍の社員数があるということがわかったというのです。

このような話は日本国内では、ほとんど語られていませんが、経済分析の世界では、特に驚くような話ではなく、「鉄則」として捉えられています。

たとえば、拙著『日本人の勝算』で詳しく述べていますが、カナダの中央銀行に当たるバンク・オブ・カナダは生産性と企業規模の相関関係についての論文を２００８年に出しています。そこでは、アメリカの生産性ランキング世界10位と比べて、カナダの生産性が21位と低迷している主因として、アメリカと比べてカナダは企業規模が小さいということを、統計分析によって解き明かしています。

また、そこでは、製造業における生産性の違いの48%は「企業の規模」によって説明されるとも報告されており、大企業と中小企業の付加価値の差は、製造業よりもサービス業のほうが大きい、という非常に興味深い分析結果もあるのです。

ご存じの方もいらっしゃると思いますが、実は日本の生産性の低さを、産業別に細かく見ていくと、中でもサービス業の生産性が特に低いということがあります。

「おもてなし」というホスピタリティの概念もあって、人材評価も高い日本で、なぜサービス業の生産性が低いのかということについて、これまで日本国内では、合理的な説明がなされてきませんでした。中には、過剰サービスがゆえ、効率が悪いのではないかとか、日本のサービス業の質の高さは「生産性」などでは測ることができない、などとまったく見当外れの意見も散見されます。

いかにも日本的な議論だと思います。専門家であっても、何かを正当化するために、感覚的にいくつかの事実を並べて、因果関係があるかどうかを検証することなく、無理やりに理屈をつけていく。その結論が面白かったり、日本人が望むようなものだったりすると、それが支持されてしまうのは残念です。日本の生産性が低いのは、日本人が農耕民族だからとか、「ムラ社会」だからなどという民族論・文化論へ持っていくのがその典型的な例です。

日本のサービス業の生産性が製造業より低くなっている理由を分析すると、企業の規模の大きさが最大かつ本当の理由なのです。

「ゾンビ企業」主犯説

日本の生産性が低い最大の理由は、これまで述べてきたように、非常に小さい企業に働く労働者の割合が異常に高いということです。この動かしがたい事実に対して目を背けるのは、日本の特徴を強引に結びつけて結論ありきの解釈をしているだけだと言わざるを得ません。

なぜこのような恣意的《しいてき》な分析が当たり前になってしまうのかというと、「企業規模と生産性に相関関係がある」という、世界の鉄則がごそっと抜けているからです。

また、生産性の低い理由を、経営破綻しているのに銀行や政府系金融機関からの支援などでどうにか生きながらえている、いわゆる「ゾンビ企業」に求める人も多くいますが、やはりこれもきわめて直感的で非論理的な発想だと言わざるを得ません。

経営が成り立っていない「ゾンビ企業」が国から守られているということも、これはこれで深刻な問題ではありますが、統計的に影響を及ぼすことは証明されていません。日本の生産性はアメリカの70・6％しかありませんが、日本がアメリカに比べて、そこまで顕著にゾンビ企業が多いという事実もないのです。

どのような国であっても、大企業の数より中小企業が圧倒的に多い傾向があります。程度の差はあれど、実質的に経営破綻しているのに政治的な理由から存続させている企業も存在します。それが直接、生産性にそこまで大きな影響を与えるわけではないのです。それよりも、企業としてどうにか成り立っているけれど、十分な規模まで成長をしていない小さな会社のほうが、生産性に与える影響は大きいということがわかっています。極論を言えば、「ゾンビ企業」の数が少なくなったとしても、ゾンビでなくとも規模のきわめて小さな企業が増えていけば、その分だけ生産性は低くなっていくのです。

もっとはっきり言ってしまうと、「ゾンビ企業」に原因を求めることは、政府や政治家を攻撃したい時くらいしか意味はありません。やはり、表面的な現象に原因を求めて語っているだけです。

大企業が足りなさすぎる

もっと正確なことを言ってしまうと、日本の問題は世界3位の経済大国のわりに、グローバル企業として活躍できる大企業・中堅企業を育てていないことです。

たとえば、売り上げなどから見た世界のトップ500企業をランキングした「Fortune Global 500」がそれをよく示しています。2019年版を見ると、世界トップ10に入った日本企業は10位のトヨタ自動車しかありません。トップ50には3社だけで、500社の中では52社。しかもそのほとんどはランキングの下位に集中しています。

2018年の55ある業種別のトップ企業に入っているのは、日本生命とトヨタ自動車の2社だけで、3社ランクインしているスイスよりも低いのです。ちなみに、世界第1位の経済大国・アメリカは27社、世界第2位のGDPの中国は11社です。先進国の中で世界第2位である日本の2社というのが、十分な数ではないことは明白です。

この厳しい現実からも、生産性に影響を与えるのは、やはり「規模の小さな企業の多さ」だということがわかります。いつまで経っても成長しない、小さな規模のままで経営されている企業で働く労働者の割合が高いということが問題の根幹なのです。

では、そもそもなぜ規模の小さな企業の生産性が低いのかというと、給料が安いということに尽きます。大企業に働いている人と同じ質、同じ量の仕事をしても、受け取ることができる賃金が低くなります。生み出した付加価値が低くなるので、生産性も低くならざるを得

従業員数20人未満の企業に勤める人の割合と生産性

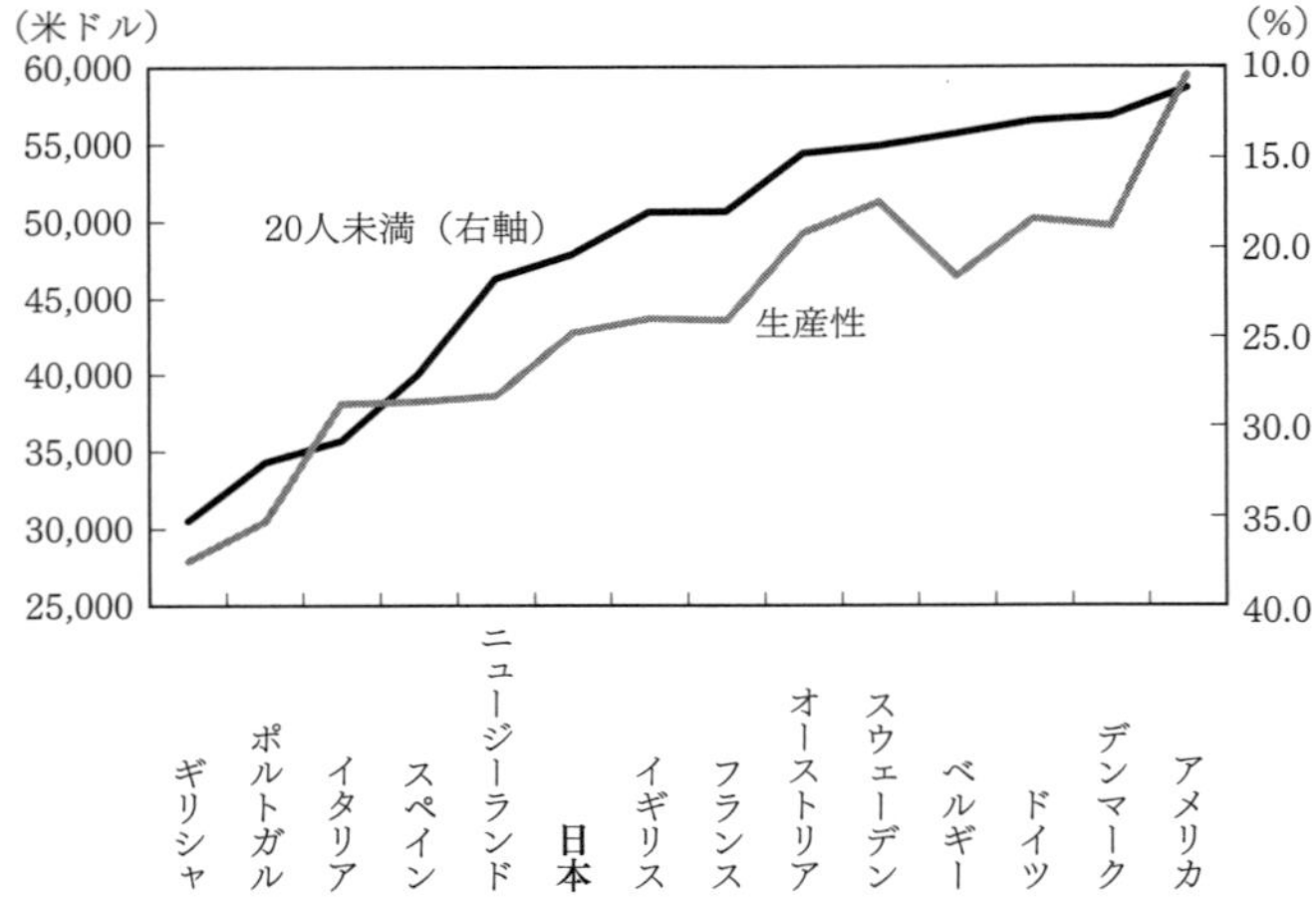

20人未満(%)	35.3	32.1	30.9	27.3	21.8	20.5	18.1	18.0	14.8	14.4	13.7	13.0	12.8	11.1
生産性(米ドル)	27,776	30,258	37,970	38,171	38,502	42,659	43,620	43,550	49,247	51,264	46,301	50,206	49,613	59,495

出所：OECDのデータより著者作成

ません。

　では、なぜ給料が安いのかというのは、誰でもわかることですが、小さい企業の場合、不動産、経営者の報酬、設備投資などの固定費の負担が重くなってしまいます。そこに加えて、労働の分割ができていないことと、労働者の単位が一人なので、個々の能力を十分に引き出せないのです。もちろん、それは給料が低いので、モチベーションが上がらないということもあります。

　つまり小さな規模で働く労働者の割合が高い国は生産性が低くな

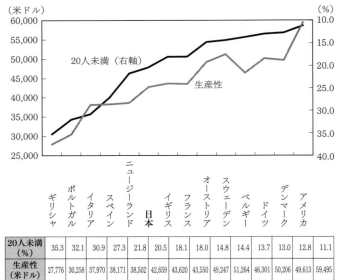

従業員数250人以上の企業で働く人の割合と生産性

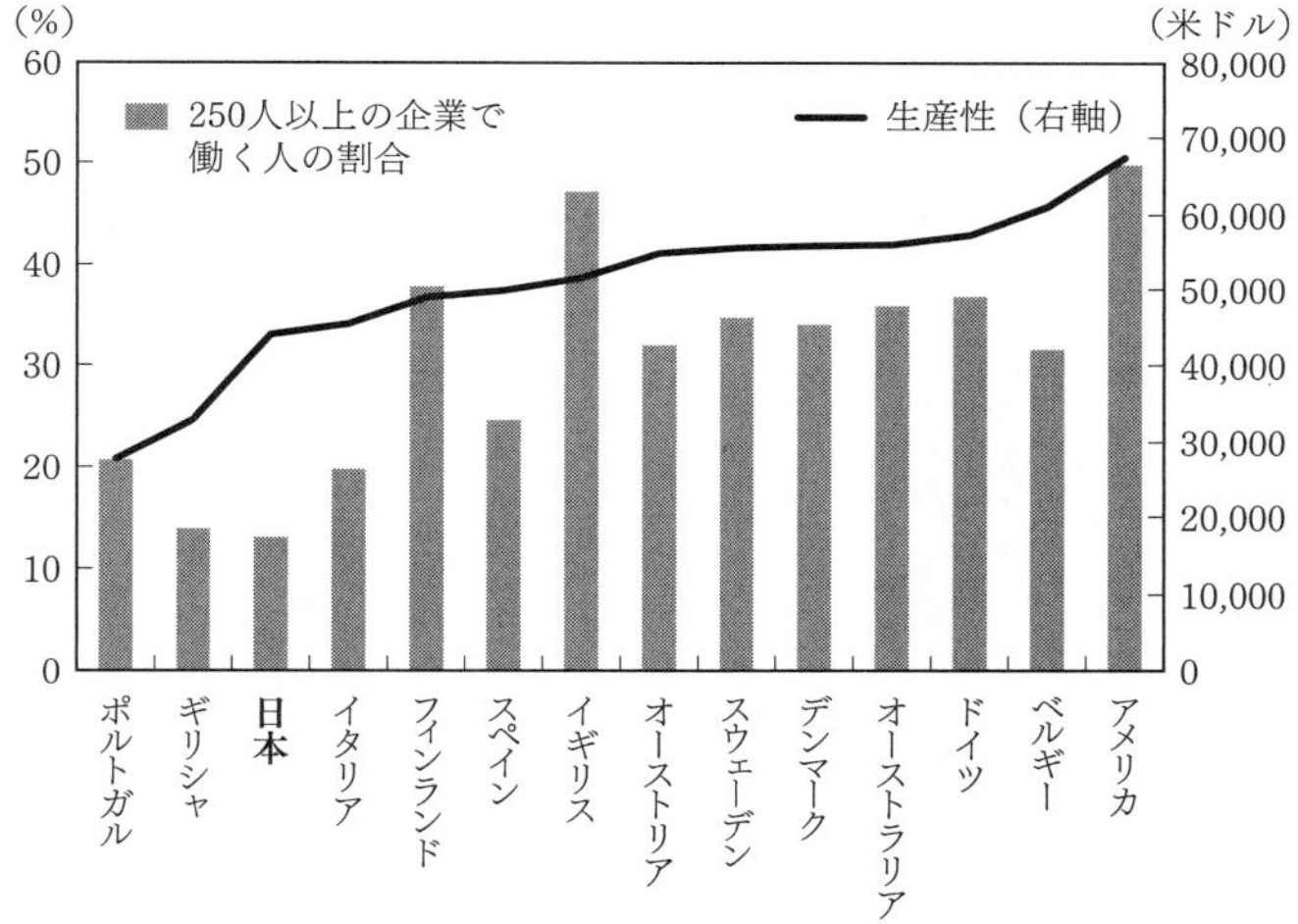

出所：OECDのデータより著者作成

って、逆に小さな規模で働く労働者の割合が低い国は、生産性も高くなるというきわめてシンプルな話なのです。

　これは「途上国」と呼ばれる国を見ても明らかです。これらの国はなぜ生産性が低いのかというと、家族や、従業員が数人だけでやっているような小さな会社で働く労働者が極端に多いからです。産業がしっかりと集約されていないので、企業も組織化しておらず、小規模事業者が乱立しています。それはつまり、低い給料しか受け取ることができない労働者の割合が高くなっているということです。お待たせしました。二つの図をご覧ください。

片方は各国の従業員数20人未満の企業に勤める人の割合と生産性をグラフにしたものと、一方は従業員数250人以上の企業で働く人の割合と生産性をグラフにしたものです。日本が先進国の中でも突出して、大きな会社で働く労働者が少ないことがわかっていただけるのではないでしょうか。日本には家族経営や10人未満、あるいは20人くらいという小規模事業者がたくさん乱立しています。これははっきり言ってしまうと、「多すぎる」のです。

奇跡的な発見

実際、日本は従業員250人以上の割合ではもはや先進国と大きく水をあけられ、ギリシャと同程度、イタリアやポルトガルよりも少ないということがわかります。この企業規模のデータはそのまま、各国の生産性の高さと強い因果関係があるのです。

このように鍵が「小規模の企業で働く労働者の割合」にあるということがわかれば、世界中の経済学者たちを長年悩ませてきた謎をやっと説明することができます。

前述したように、日本の生産性は、スペイン、イタリアとあまり変わりません。しかし、国際競争力などの分野では、日本のほうがスペインやイタリアよりも圧倒的に順位が高い。競争力は圧倒的に高いのに、生産性は顕著に低いという、この矛盾について論理的に解説できた経済学者は私の知る限り、一人もいません。

しかし、ここに「小規模の企業で働く労働者の割合」という視点が入ると、これらの矛盾はものの見事に解説されます。日本の潜在能力が生かされない理由は、スペインやイタリアと同様な産業構造だからです。この構造では能力を活かせないのです。

これは奇跡的な発見だと自負しています。

以上の分析からも、これからの日本がやらなくてはいけないことはひとつしかありません。高齢者の増加と生産年齢人口の減少に応えて日本の生産性を上げていくには、大企業を増やす必要があります。

しかし、労働者は減っているので、大企業・中堅企業を増やすということは、小さな規模の企業で働いている労働者を集約させていくしかありません。そうなると結果として、小さな企業の数は減っていきます。つまり、日本の生産性を上げるということは、どう転んでも、「中小企業の数が激減していく中小企業改革」ということとほぼ同じ意味なのです。

いままでは、たとえば「有給休暇取得率が低いのは問題だ」と言われて、「それならば有給を取らせよう」と反射的に考えられてきました。私が本書で訴えたいのは、日本の有給取得率はそもそもなぜ低いのか、国民性ではなく、もっと深いところに本当の原因はないのか、ということをもっと追求するべきです。
そして、その答えは、中小企業問題です。

第３章　この国をおかしくした１９６４年問題

「中小企業は日本の宝」!?

第2章では、非常に小さい企業に働く労働者の割合が高いと生産性が下がって、様々な問題も表面化するメカニズムを説明しました。そこで、この第3章では、これからどうするべきかを考える前に、いつからそうなったのか、なぜこのような「中小企業問題」が起きているのかということを整理していきたいと思います。

まず結論から先に言ってしまうと、この「中小企業問題」に端を発する日本経済の様々な問題をたどっていくと、そのルーツは1964年にあります。

実はこのタイミングで大きな国策の変更があり、それがいまのような「中小企業が多い」国へと舵を切ることになり、それが少子化へ発展したり、バブルを起こしたり、生産性の低迷を招いたりしているのです。

ですから、私としては、前回の東京オリンピック（1964年）の時からおかしな方向へと転がりはじめた日本経済を、今回のオリンピックを機に正しい方向へと軌道修正すべきだと考えています。1964年のグランドデザインを改めるためにも、人口減少社会を見据えた2020年のグランドデザインが必要なのです。

と言っても、１９６４年から問題の多くが始まっているという話は、多くの日本人にとってはなかなか素直に受け入れることができないことでしょう。１９６４年というと一般的には東京オリンピックを契機に、戦後復興から経済大国へと踏み出した輝かしい時代の幕開けという位置付けだからです。

しかし、「中小企業が多い」という日本の社会構造をひもといていけば、実はそのような認識が何の根拠もない思い込みであるということに気づきます。

それをわかっていただくために、まずは世の中で常識とされていることから検証していきます。

中小企業は、日本経済を土台として支えている、日本ならではの強みだという言説は、いまや社会の中で当たり前のように浸透しています。

たとえば、最近の新聞記事を見ても、「日本経済を長年支えてきた中小企業」（読売新聞２０１９年2月20日）、「日本経済を支える中小企業の裾野を維持する課題は多い」（日本経済新聞２０１９年5月19日）という表現がいくつも見つけられます。

このような言葉が自然と生まれるということは、「中小企業＝日本経済の強み」ということが大前提となっていることは言うまでもありません。多くの政治家などが常に口にする「中小企業は日本の宝」という象徴的な言葉もよく聞きます。

では、この大前提は正しいのでしょうか。

「中小企業＝日本経済の強み」という主張をされる方たちが、しばしばその根拠の一つとして挙げているのが、「老舗の多さ」です。

日本は他の先進国と比較しても、創業２００年以上の老舗企業が際立って多いことで知られており、これらの老舗というのは往々にして中小企業です。従業員が少ない会社でも１００年以上も事業が続けられるということが、日本型経営の特徴であり強みでもある、ゆえに、老舗に代表される小さな規模の企業というのは、日本経済が成長していくうえで欠かせない原動力だというわけです。

ただ、経済分析をしてきた立場から言わせていただくと、これはきわめて主観的・感覚的な論理展開だと言わざるを得ません。確かに、老舗企業が多いのは紛れもない事実ですが、それが日本経済にどのような影響を及ぼしたのかという客観的なデータはありません。因果関係を求めると、言われているほどの影響は確認できません。

労働人口と企業数の伸び率

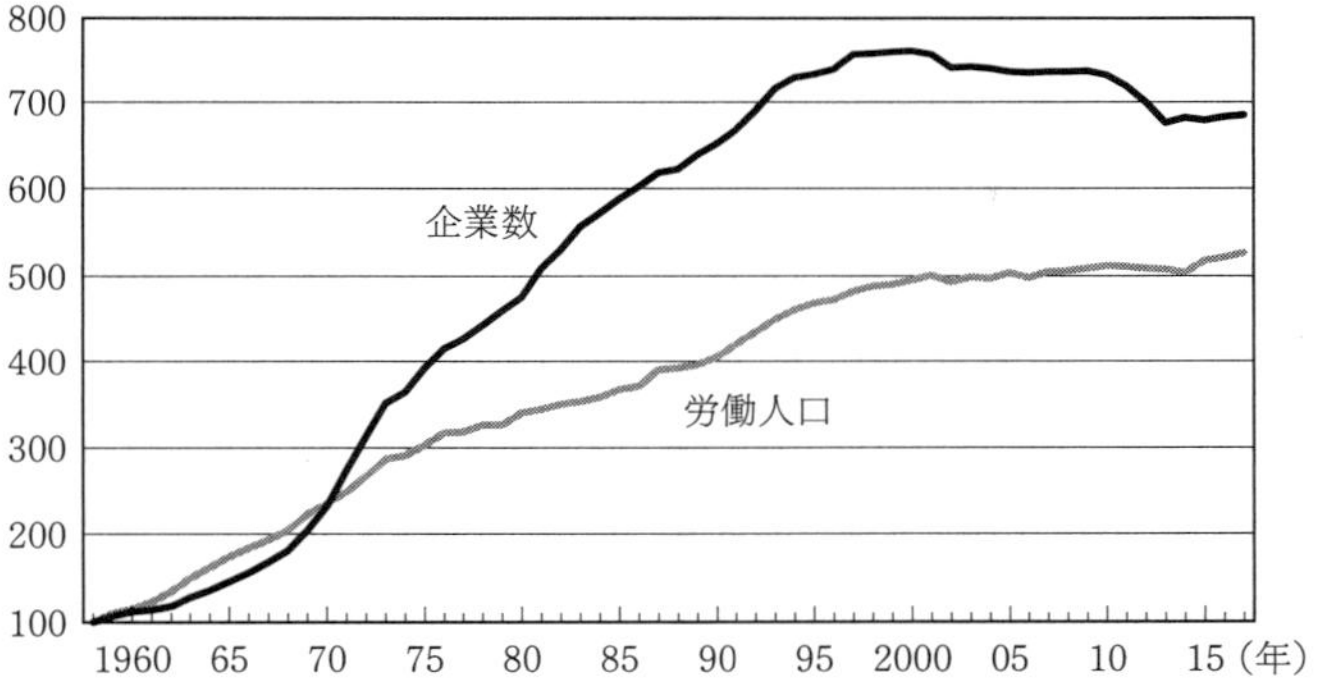

1958年＝100とした際の伸び率の比較

また、このロジックですと、日本企業というのは、もともと従業員が少ないということになりますが、データを見ると必ずしもそうとは言い切れません。

日本の一企業あたりの平均従業員数は、データを取りはじめてから平均25人で推移していきます。一般的には認識されていませんでしたが、もともと日本の企業の規模はそれほど小さくなかったのです。

しかし、これが１９６４年を境に急激に減りはじめるのです。図表にあるように、企業の数が急激に増えるからです。労働人口以上に大きく増えて、１９８６年には一企業あたりの従業員数は12・9人まで激減しています。

もっとも注目したいデータは１９７５年以降１

1975～95年の企業数の増減
——生産性の低い企業が増えた

企業規模	1975年	1995年	増減数
10人未満	1,629,427	3,130,983	1,501,556
10人以上	395,030	522,290	127,260
30人以上	124,464	173,053	48,589
100人以上	34,912	53,990	19,078
500人以上	2,888	4,987	2,099
1,000人以上	1,663	2,669	1,006
5,000人以上	154	361	207
合計	2,188,538	3,888,333	1,699,795

出所：国税庁データより著者作成

995年までの企業の増減の中身です。この間、日本企業は約170万社増えますが、そのうち、約150万社が従業員数10人未満の企業です。もっとも生産性の低い、給料が少ない企業です。この増え方は異常ですし、それ以上に重視したいことは、それらの企業の多くが20年経っても従業員数10人未満のままで、伸びていないことです。

つまり、「従業員の少ない企業」は、日本の伝統的なものでもなく、50年ほど前に発生した比較的新しい企業形態ということなのです。

1964年の異常現象

ではなぜ、1964年を境に、「従業員の少ない企業」が増えはじめたのでしょうか。

まず、この時代が人口激増の時代であったということとが関係しています。労働者の数が増えれば、新しい企業も続々と増えるという傾向は、様々な国で確認されています。

ただ、そのような経済の動きを考慮しても、日本で１９６４年に起きた現象は「異常」と言わざるを得ません。この時代の人口が増加していくペースをはるかに上回る形で、企業数が急増しているからです。

一企業あたりの従業員数が１９６４年を境に減少しているということは、分母である企業数がこの年を境に急激に増えていることを意味しています。つまり、このタイミングで、日本社会には企業数を増やす何かしら大きな出来事があったということなのです。

そう聞くと、まず多くの人が思い浮かべるのが、東京オリンピックでしょう。日本では、学校の授業でも、戦後経済を教える際に、東京オリンピックと大阪万博の開催によって日本中が活気づいて、経済にも反映したという流れに必ず言及するそうです。事実、マスメディアでも「かつて東京五輪から大阪万博への流れは高度経済成長に弾みをつけた」（産経新聞２０１６年10月２日）という解説が定番となっています。

ただ、残念ながら、これも先ほどの「中小企業＝日本経済の強み」と同様に、主観的・感覚的な結論です。

確かに、この時期はオリンピック景気と呼ばれる好景気ではありますので、オリンピック前の特需を受けて中小企業が続々と増えたというストーリーは、一見すると納得感がありますが、本来ならばオリンピック景気は開催までにピークを迎えますので、１９６４年より以前から中小企業数が増えていなくてはいけません。

オリンピックという国家的イベントですから、企業数に何かしらの影響を及ぼしたことはあるでしょうが、主たる要因とは考えづらいのです。

では、１９６４年を境にして中小企業が増えた主因は何だったのでしょうか。

実は１９６４年というのは、オリンピック以上に、日本経済にとって非常に大きな意味を持っています。それは、ＯＥＣＤに加盟した年だからです。

「資本自由化」の功罪

ＯＥＣＤは北米やヨーロッパなどの国々が国際経済全般について協議をすることを目的として設立された国際機関で、日本は21番目に加盟しました。

ではこの加盟によって、日本は何が大きく変わったのかというと、資本の移動を自由にする「資本自由化」が進められるようになったということです。

戦後の日本では、資本自由化に対して積極的ではありませんでした。いや、むしろ反対をしていたと言ったほうが正確でしょう。外国資本の投資も出資比率は50％以下に制限されるなど、厳重な為替管理が行われていました。ちなみに、この外資の受け入れを良しとしない文化は、かつて私も外資系金融マンとして嫌というほど体験してきました。そして、驚くことに、この文化は令和の時代もまだ根強く残っていると感じています。

なぜ日本はここまで外資系の受け入れに積極的でないのかというと、そこには「植民地支配への強い恐怖」があることは明白です。いまもネットやマスコミを見ていると、日本が売られる、外資で植民地化される、日本企業が買収される、ということを心配する言説を必ず見かけます。

資本自由化が進めば、続々と外国企業が参入して、国内産業が打撃を受ける、あるいは、外国資本によって優良な日本企業が乗っ取られるなどの懸念があると言われたため、日本全体で資本自由化に対してきわめて慎重な姿勢をとっていたのです。

しかし、いつまでも「鎖国」を続けていられるわけではありませんので、このスタンスは1960年代になると徐々に変わっていきます。まず1961年に、利益を外貨送金しないことを条件に出資比率100％の子会社設置が認められました。1964年には、いわゆる

ＩＭＦ８条国へ移行したことで為替管理を撤廃。輸出入取引等から生じる対外決済に関する公的制限を原則として行わないこととしました。

また、資本自由化とはちょっと話がそれますが、この年の４月１日から、観光渡航の自由化も始まっています。日本人の観光目的でのパスポート発行が可能となり、年一度の渡航が認められましたが、所持金５００ＵＳドルまでという制限つきでした。

いずれにせよ、１９６０年代は、日本人や日本企業の「国際化」が急速に進みはじめたタイミングだったのです。その大きな時代のうねりの中で、「資本自由化」が決定づけられたのが、１９６４年のＯＥＣＤ加盟でした。

ＯＥＣＤは加盟国に資本外取引と資本移動の自由化を義務付けており、１９６２年、資本移動自由化コードを設定していましたので、日本はＯＥＣＤに加盟するとともに、この「資本取引の自由化に関する規約」にも加入したのです。これによって、外国資本による会社設立や、既存会社の株式取得、証券投資など国際間の資本移動を自由にする措置などが進められていくのです。

つまり、１９６４年というのは、日本人にとって長いこと「恐怖」の対象だった、「資本自由化」がいよいよ本格的に日本経済へと組み込まれたターニングポイントなのです。

「昭和恐慌」の恐怖

では、この「資本自由化」が日本経済に組み込まれると、なぜ従業員の少ない企業の数が増えることになったのかというと、私としては、「資本自由化」が急速に進められていく中で、それを受け入れたくない勢力が起こしたアクションの結果ではないかと考えています。日本人の「植民地支配への恐怖」は凄まじいものがあります。もちろん、どの国でも自国の基幹産業や、自国で設立された企業に、外国資本が入ることには抵抗を感じますが、ここまで過剰に反応をするのは、日本ならではの特徴だと言ってもいいでしょう。

この日本社会に、ＯＥＣＤ加盟という出来事が、どのような波紋を広げたかを想像してみてください。

半ば強制的に進められていく「資本自由化」。素直に受け入れることができるのは少数派で、ほとんどはどうにかしてこの潮流から逃れようとするはずです。つまり、「資本自由化」という波に侵食されないように、「守り」を固めるのです。

それに悪影響を及ぼすように、ＯＥＣＤ加盟を果たした１９６４年から「証券不況」が起きました。東京オリンピックが終わってオリンピック特需が終焉を迎え、金融機関の引き締めが重なったことで、企業業績の悪化が顕在化しました。

まず1964年にサンウエーブ工業と日本特殊鋼（現・大同特殊鋼）が、翌1965年には負債総額500億円で山陽特殊製鋼が相次いで倒産しました。このような重工業の不振は、証券市場の低迷も引き起こし、大手証券会社各社が軒並み赤字となったのです。

ただ、これは自業自得という側面も多々ありました。当時の大手証券会社は、金融債を顧客から有償で預かり、それをコールマネー（金融機関同士の短期取引）の担保に回すというレバレッジの掛け方をしていたのです。

この証券不況の拡大を防ぐため、日銀は公定歩合を1％以上も下げましたが、その効果はほとんどなく、ついに1965年5月には山一證券への日銀特融を決定。同年7月には、戦後初となる赤字国債の発行が閣議決定されました。

ここでようやく底値だった株価は上昇を始めましたが、市場関係者の不安が払拭《ふっしょく》されることはなく、昭和恐慌の再来を危惧する声も上がるようになってしまったのです。

このような不安が高まれば当然、「植民地支配への恐怖」も膨らんでいきます。不況につけ込んで上場している会社の株を買い上げられ、外資に乗っ取られるという意見が政財界に溢れました。

そしてその結果、どうなったのかというと、「非効率な市場構造」がつくられていくのです。

外資系の買収を恐れるあまり、財閥系や大手銀行系が手を取り合って、企業同士での持ち合いも含めた安定株主比率を高めていったのです。１９７３年度末の法人持ち株比率はなんと66・９％にも達しました。上場企業と言いながらも、結局その株はみな「お友達」が保有しているので、一般の投資家はほとんど買えない状態で、きわめて形式的な上場となってしまったのです。

これは余談ではありますが、実は、この乗っ取りに対する過度な恐怖というのは、私が銀行アナリストになった１９９０年もまだまだ健在でした。

その象徴が、銀行株の売買の注文をもらう都度、銀行からの問い合わせに加えて、必ず当局からの問い合わせがあったことです。国内のお客様の注文であっても、取引業者が外資系ということで、海外からの注文ではないかと勘ぐられ、何か裏があるのではないかと探りを入れられました。日本企業を乗っ取るのではないかという陰謀論が常について回っていたのです。

それはともかく、当時の日本は、外資に乗っ取られるくらいなら互いに株を持ち合ってしっかりと守りを固められればいい、と「非合理的な市場構造」へ傾倒していた時代だったのです。

取引先が株式の持ち合いをしていけば当然、取引先以外の株主の影響が低下します。経営者にとってこれは非常にありがたい話で、口うるさい株主を気にすることなく、のびのびと自分の思うように経営ができます。その一方で、株主が「身内」だらけなので経営方針への厳しいジャッジもなく、ガバナンス機能も低下していくという弊害がありました。その象徴が、バブル期の株主総会で多く見られた、「しゃんしゃん総会」です。

質疑応答もなく坦々と進行され、数分で終了する儀式のような株主総会を、どうにか正当化したい人たちは「日本型資本主義」「日本的経営」などという言葉をつくり出しましたが、その擁護論が皮肉なことに、経営者たちをさらに増長させていきます。

利益率が悪化しても部外者の批判などには決して耳を貸さない。客や社会が何を求めているのかなどよりも、株主である取引先さえ納得してくれればいい。日本企業によく指摘される、「供給者ご都合主義」ともいうべき、顧客や社会のニーズよりも、会社内部の論理が優先される企業カルチャーや、既得権益を握る者だけで団結するあまり、排外的になる「ムラ社会」という現象は、この時代から強化されはじめたと言われています。

このあまりに内向きで身勝手な経営方針に対して、とうとう「怠慢経営」という批判が持ち上がります。その結果が、あのバブルの時代です。

大企業の株の持ち合いという非効率的な市場構造を生み出すほどの植民地支配への「恐怖」は、後の日本経済の方向性を決定づけるある法律を制定させてしまいます。

それが中小企業基本法です。

中小企業優遇策のスタート

戦後間もない1948年、中小企業の支援を目的として中小企業庁が設置されますが、「植民地支配への恐怖」を受けて、支援をさらに強化した「救済型」とも言われていた中小企業基本法が1963年に制定されます。これを機に日本の中小企業は手厚い保護のもと、その数を爆発的に増やしていくのです。

この「中小企業優遇策」とも言うべき法律は、1999年に「自立支援型」に改正されるまで36年間続きました。ということは、この36年間で「非常に小さい中小企業が多い」という日本の社会構造が確立され、その結果として生産性28位という産業構造が生まれたと考えるべきなのです。

実はこの中小企業基本法の最大の問題点は中小企業の定義にあります。

EUの定義では、大企業は従業員数250人以上、中堅企業は50~249人、小規模企業は10~49人、ミクロ企業は1~9人です。

アメリカの場合もミクロ企業は10人以下となっていますが、中堅企業の幅が広く、一般的には500人ですが1500人の場合もあります。ここからはやはり企業の規模を大きくすることにインセンティブを与えていることに繋がり、非常に興味深いです。

では、日本はどうでしょうか。中小企業の定義は資本金の基準もありますが、人員的には、製造業が300人以下、卸売りが100人以下、小売りは50人以下、サービス業が100人以下となっています。しかも1999年までは製造業300人以下、サービス業50人以下でした。EUの中堅企業とされる規模でも、日本では業種によっては大企業とされています。

また、EUやアメリカのミクロ企業に相当する小規模事業者、俗にいう零細企業の定義は、製造業だと20人以下、卸売り、小売りに相当する商業・サービス業が5人以下です。日本の中小企業の定義の小ささが問題を起こしていると思います。

中小企業の壁

この「小さい会社」の定義の違いにいったいどんな意味があるのかは、法律を見てみれば明らかです。日本では、中小企業、小規模事業者に対する配慮をすることを基にして、様々な優遇策が存在しています。その代表的なものが以下です。

1）法人税率の軽減
2）交際費の損金処理
3）外形標準課税の軽減及び法人事業税の減税
4）少額減価償却資産
5）繰越欠損金……など

会社を経営するうえで大変ありがたいメリットだらけですが、これを享受するには、「中小企業」か「小規模事業者」でなくてはいけません。日本で言う大企業に成長してしまった途端、この優遇は得られなくなるからです。

ということはつまりこの法律によって、中小企業、小規模事業者のままでいることにインセンティブが働いているということです。

事実、税理士などは中小企業や小規模事業者の経営者に対して、税制上の優遇があるので一定数以上大きくしないほうがいい、というアドバイスを必ずします。私自身も耳にタコができるほど聞かされています。

そして、ここで非常に重要なポイントは、諸外国と比べて、日本はこのインセンティブを得るための規模がかなり小さいということです。恐らく、制定された昭和38年に当時の大蔵省は優遇を得られる範囲を制限しようとして、規模を小さく設定されたのではないでしょうか。しかし、そのことが逆効果になりました。明らかな設計ミスです。事実、この法律が制定された時期から、小さい企業が爆発的に増え、一企業あたりの社員数も低下していきます。

この「小さな企業」の基準が招いた問題についてはまた後ほど詳しく分析しますが、これによって日本経済が「非効率」へと大きく舵を切ったことは間違いありません。

きわめて小さい会社をつくることと、その小さな会社を小さいままで維持させることにインセンティブを与えたことで、「企業を大きく成長させる」ということにインセンティブが働かないようになってしまったのです。

そんな非効率きわまりない話がまかり通るわけがないと思うかもしれませんが、これも「人口増社会」だから成立しました。高度経済成長期の日本にとって、増えつづける労働者の雇用の受け皿が何をおいても必要だったのです。

つまり、１９６３年の中小企業基本法によって、日本の経営者は「小さいことは良いことだ」と「成長」に背を向ける、という非効率な方向へと大きく舵を切ってしまったということなのです。中小企業基本法は日本の生産性が低いことの主因のひとつです。その根源にあると言っていいと思います。

非効率な悪習

そんな中小企業基本法とほぼ同時期、経営者たちを「非効率」へと導いたもう一つの要因があります。

それが日本型資本主義の代表的な戦略である「護送船団方式」です。

もともと戦後の日本の金融行政でよく使われていた言葉で、経営体力・競争力の低い金融機関が破綻することなく存続していけるように、行政官庁が許認可権限や規制などを用いて「監督」することで、金融業界をコントロールしていく方式を指します。

有名なところでは、銀行と証券業務の分離、長期・短期金融業務の分離、金利規制の実施、外国為替金融の専業化、郵貯資金を利用した政府系金融機関による支援強化など、とにかく過当競争を抑制することを目的としています。地方銀行、第二地方銀行、信用金庫、信用組合も同様です。もちろんこれは、金融業界以外でも様々な産業にも散見されます。自動車、鉄鋼、半導体、医療など、行政の指導・監督のもと、厳しい規制を守りながら、業界全体が発展していくように「官」が導いていくという構造は、日本の様々な業界に当てはまるものなのです。

そのため、高度経済成長期などは護送船団方式が、日本経済の成長の要因とされました。個々が自己主張をして過当競争に走るのではなく、官の産業政策のもとで、すべてのプレイヤーが同じように発展していくスタイルこそが、日本の強みだという主張も多くありました。それは事実だと思います。

しかし、バブルが崩壊して、人口が減少に転じ、「失われた30年」を経た現在では、様々な業界の閉塞感を生み出し、日本企業の競争力を阻害する要因とされることが多く、むしろ「非効率な悪習」という位置付けとなってきています。

そのように良きにつけ悪しきにつけ日本経済に多大な影響を与えてきたものが、護送船団方式なのですが、実はこの考え方にはもうひとつ欠かせない大事な視点があります。

それは「互いに手を取り合って落伍者を出さない」という「守り」の姿勢です。

わかりやすいところでは、不良債権などで経営力が低下した金融機関への対応です。どんなに再建の難しい金融機関であっても行政は決して破綻させることなく、他の金融機関と合併するように強く指導をしました。これは、とにかく絶対に「落伍者を出さない」という考え方からきているのは明らかでしょう。「銀行不倒神話」です。

では、なぜそこまで落伍者が出ることを避けようとするのかというと、護送船団という言葉がすべてを物語っています。

もともとこの言葉は戦争の際に生まれた軍事戦術用語です。それは裏を返せば、「敵から攻撃される」ことを前提とした考え方だということです。昭和18年に発行された『国防と海運』（文部省教学局）には「護送船団」についてこのような説明がなされています。

「軍需品その他戦時必要物資を輸送する場合十隻乃至《ないし》三十隻程度の商船を以って船団を作り、その前後左右に巡洋艦または駆逐艦等がこれを護衛して航行するのである」

つまり、護送船団方式とは、弱い船を襲撃してくる「敵」から守る戦略的布陣だったのです。では、戦争が終わって金融業界をはじめとした市場経済へと応用されたこの戦術の「敵」とはなんだったのでしょうか。何をそれほど恐れたのでしょうか。ここまでお読みになった方たちは、もうおわかりでしょう。

それは、「植民地支配への恐怖」です。

高度経済成長と非効率経営

もし業界の中で経営体力が低下して脱落していくようなプレイヤーが出てくると、外資に乗っ取られる恐れがあります。ですから弱い船を、巡洋艦や駆逐艦で警護をするように行政がしっかりとガードする。これこそが戦後、日本経済に大きな影響を及ぼしてきた護送船団方式の意義であり、本質なのです。

護送船団方式ですから、船団の中でスピードの遅い船があった場合、その船に合わせるのが基本です。つまり、経済的に弱い企業に業界全体が合わせることで、その弱い企業が潰れないように経営する。他の経済的に強い企業としてはまだまだ余力はあるにもかかわらず、上を目指さずに力を抑える。いかにも日本的な共存共栄戦略と言えましょう。

弱い企業に全体が合わせるというのは、資本主義の原則とそぐわない非効率きわまりない方式ですが、その非効率さに実は大きな意味がありました。

経済が成長していない中で、非効率な政策を進めれば、すぐに実体経済へ深刻なダメージが現れますので、多くの人々が「非効率なことをしている」と気づきます。しかし、1964年というのは高度経済成長期の真っ只中で、人口も右肩上がりで増えて、黙っていても内需が拡大する時代。大企業も中小企業も強烈な追い風を受けて成長していました。

このような経済が拡大する中では、少しくらい非効率な政策を進めても、その影響は限定的です。大きな流れとして右肩上がりで成長しているので、その中で小さな会社が増えて多少生産性が下がっても、護送船団方式によって業界内での競争が阻害されても、さらなる成長の機会損失となるだけなので「実害」がなく、そのため問題が表面化しないのです。

いえ、表面化しないどころか、護送船団方式によって小さな会社が守られたことが、高度経済成長を牽引するひとつの要因だと「誤解」していたのでしょう。実際、そのような「中小企業成長論」がさかんに論じられるようになったのも、ちょうどこの時代でした。

なぜ誤解をしたのか。一つには、先ほどから申し上げているように、巷《ちまた》に溢れる労働者の雇用の受け皿になったということです。そして、もう一つが、中小零細企業が増えたことで労働生産性が下がる一方で、生産性は向上したということがあります。

人口増は「社長の時代」

この現象を簡単な例で説明しましょう。

生産性は主に二種類があります。生産性と労働生産性です。前者はGDPを全国民で割ったものです。後者はGDPを労働者の数だけで割ったものです。

では、なぜ人口増加時代に中小企業が珍重されるかを考えましょう。たとえば、5の付加価値を上げているAという企業と3の付加価値を上げているBという企業があれば、付加価値総額は8となります。一社に1人の労働者がいれば、労働生産性は（A＋B）÷労働者数なので、（5＋3）÷2＝4となります。

ここに人口増加によって二つの企業に雇ってもらえない生産年齢の人が一人増えます。この人は付加価値を作っていないのに、国民一人としてカウントされます。ですので、国全体の生産性は（A＋B）÷国民数で、（5＋3）÷3＝2・7に下がります。

この一人が、付加価値が１で、労働者１人のミクロ企業を起業します。これで付加価値総額は９となりますが、労働生産性は（５＋３＋１）÷３＝３と先ほどよりも低下してしまうのです。

中小零細企業が増えると労働生産性が低下するというわけですが、これは国全体の生産性で見るとまったく異なる結果が出ます。

ミクロ企業が加わることで（５＋３＋１）÷３＝３と国全体の生産性が２・７から向上するのです。

ですから人が溢れている時代には、中小企業を増やすというのは主に雇用政策です。そこに加えて、労働生産性を低下させるものの、国全体の生産性の向上にはつながりますので、政府からすれば非常に重宝されるのです。

人口が増加している時代は、増えていく国民の働き場所が必要になりますので、労働者を雇う経営者は多ければ多いほどありがたがられます。また、人口が増加している時代ですので、経済が成長して、国力も増します。国民もその恩恵を受けるので、繁栄の立て役者として、経営者も尊敬を集めます。つまり、人口増加時代というのは、起業する社長が必要とされ、大事にされる、「社長の時代」と言ってもいいのです。

それはつまり、人口が激増する時代は、たとえどんなに非効率的な企業であってもどんどんつくったほうがいいということです。それで産業構造の経済合理性が犠牲になったとしても、人口が増加しているので、問題は表面化しません。雇用も増えます。労働生産性は下がりますが、会社をつくればその分だけ生産性が上がっていきます。

そのような意味では、1960年代の人口右肩上がりの時代、日本が企業の数を爆発的に増やす政策へと舵を切ったことは政策としては正しく、合理的な判断だったのです。

いや、非効率、効率などという話ではなく、ごくシンプルに「正しい」とされたはずです。人口が増える社会では、とにかく増えつづけることが「善」で会社が倒産して減ることは「悪」でした。国が産業を守って、弱い会社の倒産を避けるという政策を批判する人はかなり少なかったはずです。この時代、護送船団方式は人口増加という強烈な追い風を受けた「正しい政策」だったのです。

成長のインセンティブが働かない

総括をしましょう。

高度経済成長期はとにかく人口が増加している時代なので、労働者が失業しないように新しい企業が次から次へと生まれました。需要も豊富なので、新しくできた企業にも成長のチャンスがたくさんありました。事実、ホンダ（本田技研工業）やソニーのように、世界を制覇する大企業へと成長することもありました。国家としても、企業が増えることは喜ばしいことだったのです。

ただ、この「企業が増えることは喜ばしい」という当時の常識が皮肉にも、その後に何十年も日本経済を低迷させてしまうのです。

企業を増やすためにと１９６３年につくられた中小企業基本法の下、中小企業の定義が製造業は３００人以下、サービス業は50人以下と定められ、そこに加えて、「小さい会社」でいることの税制上のメリットなども整備されたことで、そのメリットを受けるため、多くの人が非常に小さい会社をつくって自動的に一企業あたり平均社員数が減っていく仕組みができ上がったのです。

しかも、中小企業の規模の定義があまりにも低かったため、この「１９６４年体制」の誕生が、「中小企業に成長するインセンティブが働かない」という問題を生み出します。

一般論として従業員の数が少ないミクロ企業が、大企業よりも倒産の確率が高いことは説明の必要はないでしょう。ですから普通、新しくできた会社というのはまずは規模を拡大して、ミクロ企業を卒業することを目指します。それが健全な企業の成長プロセスなのです。しかし、日本では１９６４年体制がこの動きを阻害するように働いてしまったのです。

この事態をさらに悪化させたのが、護送船団方式です。とにかく企業を増やしていくために競争を制限して、経営破綻を避けられるような環境整備や制度づくりに力を入れたことが、ミクロ企業の「成長」をさらに遠ざけました。

倒産する恐れがなければミクロ企業は、規模を大きくする必要がありません。つまり、日本のミクロ企業は、「成長するインセンティブ」よりも「成長しないインセンティブ」のほうが上回ってしまったとも言えるのです。

1964から2020へ

ここまで私は日本経済が抱える様々な問題の根幹には、「中小企業が多すぎる」ということがある、とお話ししてきましたが、これを正確に説明させていただくと、高度経済成長期に多くのミクロ企業が生まれたにもかかわらず、その多くが規模の大きな企業へと成長していないことが真の問題であり、「中小企業が多すぎる」というのはその結果に過ぎません。

よく日本の生産性の議論では、「日本は２人でできる仕事を３人でやる」というようなことを言いますが、これも成長しないミクロ企業が増えた結果だと考えることもできます。巷に小さな企業があまりにも氾濫《はんらん》するようになったので、中堅企業１社でやれるような仕事をミクロ企業３社でやるようになったのです。

爆発的な人口増加、そしていつ外資に乗っ取られるかという「植民地支配への恐怖」という二つの日本の特殊要因が相まって引き起こされたこの「市場の非効率化」が深刻なのは、時間が経過するにつれて緩和されるものではなく、むしろさらに進行していることにあります。

人口が増加して国の平均年齢が低いうちは、若い人は主にものを買う傾向にあるため、製造業が主な産業となります。しかし、平均年齢が高くなればなるほど、内需は中小企業が３００人と定義されている製造業から、サービス業に移行していきます。その分だけ一企業あたりの従業員数の低下につながります。

当時中小企業の定義が50人以下のサービス産業が発達していくということは、規模が小さく生産性が低いところへどんどん消費が集中していくということなので、さらに市場は非効率になっていくというわけです。高齢化によって生産性向上はますます難しくなっています。

では、いったいどうすれば日本は「非効率」のスパイラルから脱することができるのでしょうか。

そこで次の章では、ＴＯＫＹＯ２０２０のタイミングで、前回の東京オリンピックの年に生まれた１９６４年体制をどう変えていけばいいのかということを検証していきたいと思います。

第４章　崩壊しはじめた１９６４年体制

給料の低い会社から高い会社へ

まず、これからの日本にどのような未来が待っているのか考えてみましょう。

日本の人口動態では、1964年体制は揺らぎます。これから若い人が大きく減り高齢者が増えていくと予想されています。それによって、消費はますますモノからサービスへと移行していきます。特に高齢化社会ですので、介護、医療、飲食という分野への移行が進んでいきます。それはいまよりも生産性の低いところに消費が集中していくということです。

一方、生産年齢人口が減りますので、労働者不足になり、小さな規模の企業は当然、その数が減っていくはずです。そこで、日本の進むべきシナリオは以下の3つがあります。

1）自然の流れに任せて、中小企業の数が自然に減っていくのを静観する
2）流れに抵抗して、中小企業の数をなるべく減らさないような手を打つ
3）人口減少・高齢化に対応するため、中小企業減少の流れを政策として促進する

この中で、私は3番目を支持しています。本格化する人口減少の進行ペースに追い抜かれ

ぬよう、政策として企業の減少を促進させる。つまり、1964年体制を根本から変えて、元に戻すのです。

高度経済成長期に人口増加のペースを上回る勢いで企業数が増えました。それが現在は人口減少に転じているのですから企業数も減らしていかなくては道理が合いません。人口が減っているのに、企業だけ減らずに多いままということは、生産性以外にも様々な弊害を招く恐れがあるのです。

そのように企業数を減らすことの必要性を訴えると、必ずと言っていいほど、「自然に減るのは仕方ないが、無理に急に減らすと経済に悪影響が出る」という慎重論が出てきます。要するに、1）のような「ソフトランディング」が安全だというのです。

しかし、これは大きな勘違いです。実は、1）も、2）もマイナスの影響を与えます。どういうことか順を追って検証していきましょう。

まず、労働者が減ると、生産性の低い企業から消えるのは間違いありません。なぜそんなことが断言できるのかというと、いまでもそうなっているからです。1995年から2015年の20年間のデータを見れば、企業の規模が小さいほど、労働者の数が減って、規模が大

企業規模別の労働者数増減率（1995～2015年）

企業規模	増減率（%）
10人未満	−16.1
10人以上	−7.0
30人以上	5.4
100人以上	15.1
500人以上	29.9
1,000人以上	30.2
5,000人以上	59.2

出所：国税庁データより著者作成

きいほど、労働者が増えています。これは先述したように、規模の大きい企業のほうが給与水準が高く、雇用が安定しているからです。これらのデータからもわかるように、日本の労働者というのは、給料の低いところから給料の高い企業へと移動をしているのです。

日本は人口減少によって労働者も減るので、労働市場の需給は放っておいても厳しくなります。そうなると、規模の小さな企業で働く労働力が、規模の大きな企業へどんどん移動していきます。それは言い換えれば、何十年も会社を中小企業のままで成長させず、賃金も上げることができないような経営の才能に乏しい人が率いる企業は、どんなに求人を出しても、人材が集まらなくなってくるということです。

このあたりの流れは、大学と入学志望者の関係を思い浮かべていただければ、想像しやすいと思います。

人口減少で子供の数が減っていますが、東京大学の入学者数は減っていません。これまでの成績では東大に挑むことができなかった学生が、ライバルが減って当落線上になったことで、東大を目指せるようになっています。

一方、偏差値が低くて、規模も小さい大学はどうかというと、定員割れをして非常に深刻な経営難に陥っています。これは要するに、昔は入れなかった大学に入れるようになったので学生がより大きな規模の大学、より偏差値の高い大学へと「移動」しているということなのです。

このように人口減少というのは、規模が小さくて競争力の低い組織から、規模が大きくて競争力の高い組織への「人口移動」を自然に促すことになります。東京一極集中と同様に大企業・中堅企業への集中が進むはずです。

企業の生産性と国の生産性

では、このような労働者の大移動が始まったら、規模の小さい企業はどれほど消えていくのでしょうか。

規模の大きい企業に就職している人数を維持して、今後減少する生産年齢人口を規模の大きな企業から徐々に小さな企業へと配分していきますと、現在の約３６０万社の中から、２

00万社ぐらいは消える計算となります。

人口が右肩上がりで増えていた1975年、日本企業の数は約200万社でしたので、人口が右肩下がりで減る2060年に160万~200万社まで減っているというのは、特におかしな水準とは思えません。

高度経済成長時代に爆発的に増えた全国の学校の数は、現在は大きく減っています。大企業の統合もかなりのペースで進められており、たとえば1990年の主要銀行は21行もありましたが、いまは大手3行にほぼ集約されています。これらを踏まえると、中小企業360万社が160万~200万社になるのもきわめて自然の流れです。

そして、このような形で給料の安い200万の企業が消えれば、当然、労働生産性は上がっていきます。それは前章の生産性と労働生産性の比較を思い出していただけばわかりやすいでしょう。

付加価値が5と3と1の企業が混在している社会では、付加価値総額は9ですが、それを人口の3人で割ると、生産性は3となります。しかし、人口減少社会では労働人口が減って2になります。労働者も消えるので、付加価値1の企業が先に消えるはずです。すると、付加価値総額は8に減りますが、人口の2人で割ると労働生産性は4と大きく向上するのです。

さて、ここまでの話を聞くと、「放っておいても生産性が向上するのなら静観してもいいのでは」と思う方もいらっしゃるかもしれません。実際、自民党の議員が多く集まった会合で、ある議員さんからも「人口が自然減少しているので、自然に生産性向上が達成できるのではないですか」という質問を頂戴しました。

人口減少と生産性の因果関係を理解したうえでのなかなか鋭い質問です。ただ、残念ながら自然の流れに任せた生産性向上には二つ大きな問題があります。

一つは、あまりにも緩やかな動きになるということです。

議員の質問を受けて、日本企業の数が200万社なくなっていくとして、それによって労働生産性がどうなるのか試算をしてみたら、約10%向上するという結果が出ました。200万の会社が消えるにしてはあまりにも緩やかな生産性向上と言わざるを得ません。

もし日本に人口減少・高齢化の問題がなければ、このようなのんびりとしたペースで生産性向上を目指すのもありでしょう。しかし、あいにく日本の人口減少・高齢化は凄まじいハイペースで進行しています。つまり、このような緩やかな労働生産性向上のペースでは、社会保障が破綻するなど取り返しのつかない事態を招いてしまう恐れがあるのです。

もう一つの問題は、付加価値総額が8となることです。

労働者一人がいなくなって、一つの企業がなくなると、労働生産性は前述のように4に上がりますが、その一人は定年退職して年金をもらうようになります。そのため国全体の生産性が2・7に下がります。

今後日本の人口は減りますが、高齢者は減らず、64歳以下の人が減ることで全体が減ることになるから生産性の悪い企業が消えることは問題解決になりません。残された企業も必死に生産性向上に取り組まなければいけません。

不毛な価格競争を止めよ

では、2)のシナリオはどうかというと、これはきわめて危険な政策だと言わざるを得ません。詳しくは、この後の第5章で検証していきますが、このシナリオは日本の未来に壊滅的な被害をもたらす恐れがあるのです。そして、もっと恐ろしいのは、経産省が進めている政策が、この危険なシナリオとかなり近い考え方をしているということです。

いまの日本には、社長と呼ばれる方が中小企業中心におよそ360万人いて、全労働人口に占める割合は５％足らずです。しかし、労働人口が急速に減っていく中で、もし経営者の数がいまのままであれば、２０６０年にはこの比率が８・１％と跳ね上がります。明らかに「社長過多」なのです。

また、現在の試算では、労働生産年齢人口は２０１５年から２０６０年までに42・５％減少するので、もしこのまま中小企業保護を進めれば、１社あたりの従業員は14人から８人まで下がっていきます。

もはやこうなると完全に零細企業です。そのようなきわめて小さな企業が日本中に溢れたら、生産性向上などは夢のまた夢となってしまいます。

しかも、この悪影響は大企業にまで及ぶ恐れもあります。中小企業の数を守りたいあまり、大企業の平均社員数まで減っていくようなことがあれば、日本のグローバル企業の国際競争力は徐々に弱くなり、生産性の高い企業が倒れていくという最悪のシナリオも考えられます。

こんな危機的状況であるにもかかわらず、各省庁は未だに労働者が集まらないような零細企業に補助金を出したり、外国人労働者を招くことを許可したりしています。大局的な視点を欠き、目先の利益しか考えていないとしか言わざるを得ません。これは人口減少という国家の大問題を前に、多くの官庁が思考停止となっている証左と言えましょう。

では、各省庁は本来何をすべきかというと、人口減少下、管轄している業界はどうあるべきかを分析することです。

経済合理性を追求することによって、いまの企業数からどこまで減らすことができるのか、そして減っていく労働人口をどう集約していくのかなど、それぞれの業界ごとにグランドデザインを示すべきです。もちろん、すでに着手しているところもありますが、ほとんどの省庁は、「どうすれば中小零細企業を守れるのか」という感じで、時代錯誤的な方向性で進んでいると感じます。

また、いまの状況をキープすることでもう一つ深刻な問題が発生します。それは、過当競争の激化です。

人口が減っている日本では、消費者も急速に減っています。しかし、異常に多い企業数を守ろうとすると、それぞれの経営者は売り上げを維持しようと価格競争を始めます。競争の中でもっとも手軽で安易な方法は、価格を下げることなのです。

価格が下がれば、消費者からすればものが安く手に入って幸せですので、需要は増えますが、この効果は短期的で、結局他社も追って価格を下げるので中長期的に見ると、効果が出るどころか、事態はどんどん悪化していきます。

消費者はどんどん減って総需要も減るので、どんどん価格を下げなくてはいけません。価格競争が激しくなってデフレに陥ります。また、人口減少下、このしわ寄せはどこへいくかというと、労働者です。賃金という、経営者にとってもっとも手をつけやすいところが削られていくのです。つまり、低価格を維持するための低賃金という悪循環が始まっていくのです。

このように人口減少社会では、規模の小さな会社の経営者が「自分の会社を守ろう」と頑張れば頑張るほど、価格競争が激化してデフレになっていくのです。経済が縮小している日本としては、本気でデフレから脱却するのなら、まずは、激化する価格競争の緩和をしなくてはいけません。それは言い換えれば、中小企業の数を減らさなければいけないということなのです。

中小企業経営者が頑張るほど、経済が悪化するという現実をなかなか受け入れられない方も多いことでしょう。しかし、これも「人口と経済」という視点があれば簡単に理解ができます。

これは余談ですが、日本人はこれまで経済学のノーベル賞を受賞した人がいないのですが、いま最大のチャンスが訪れています。ここまで早く、ここまで大きく人口減少・高齢化の影響を受けている国は世界を見渡しても他にありません。それはつまり、「人口減少と経済のあり方」を論文にまとめて、世界に送り出すことは日本人にしかできないということです。人口減少・高齢化は先進国が遅かれ早かれ直面します。その課題を解決する、最先端の経済学を確立するのは、日本の使命ではないでしょうか。

いずれにせよ、自然減による生産性向上では高齢化のスピードに間に合いません。また、経産省が進めているような、中小企業保護政策は産業構造をさらに非効率にして最悪の結末を招きます。

ならば、進むべき道は一つしかありません。人口増時代に確立された「企業が増えるのは良いことだ」という「1964年体制」を根本から見直すのです。

「統合」で失業者は増えない

そもそも、日本経済は世界第3位なのに、あまりにも世界で戦える大企業が少なすぎますので、それを増やす必要があります。そのような大企業は、リーディングカンパニーとして生産性向上を牽引するのはもちろんですが、世界から最先端の技術や考え方を日本国内へと持ち込む「伝道師」の役割も果たします。

同時に、小さい規模の企業があまりに多すぎることが産業構造を非効率にしていますので、それらを統合して零細企業で働く労働者を集約しなくてはいけません。生産性を2060年までに1・7倍も上げなければ、日本の社会保障システムが破綻してしまうからです。

しかし、先に述べたように、ミクロ企業が自然に減少することでもたらされる労働生産性向上はわずか1割程度しかありませんし、国全体の生産性向上につながりません。このようなのんびりとしたペースでは、高齢化のスピードにはとてもではありませんが、対応できないのです。国全体の生産性を高めるためには、全企業が労働生産性を大きく向上させなければなりません。それには、各企業の規模を拡大する必要があります。

以上のことからも、中堅企業で働く労働者を集約して、企業の規模を大きくしなければいけないのは明らかですが、そのようにすると、企業の数が大きく減ることになります。企業の数を減らすと、失業者も増えるのではないかと心配する人が出てきます。

しかしそれは明らかに論理が飛躍しています。

ポイントは3つあります。

一つは、いまは人手不足なので、失業者が増加するという問題をそもそも心配する必要がないということです。二つ目は、そもそも人がいないことの対応として企業の数を減らしているわけなので、話が根本から矛盾しているということです。そして3つ目は、これが「統合」だということです。企業は単に減っているのではなく、集約されて規模が大きくなっています。失業者が増えると主張される方は、「統合」ということの意味合いを理解していないと思います。

確かに、人口増加時代に企業が統合をする目的の一つは、無駄な人材をなくすリストラですので、失業者は増えます。しかし、これからの時代は人口が減少します。企業統合の目的も無駄な人材をなくすためではなく、「労働者が足りない」からです。統合によって、他社で眠っている人材により生産性の高い仕事をしてもらうという「活用」が目的なのです。ですので、統合によって一時的に失業したとしても、すぐに他の企業に吸収されます。人口減少社会なので、再就職がしやすいのです。

つまり、「企業が統合する＝失業者が増加する」というのは、人口増加時代の考え方を引きずった、きわめて時代錯誤的な発想なのです。

それでもまだ統合の効果を疑う人のため、私が社長をしている小西美術工藝社の文化財の塗装修理の業界を例にして、ご説明しましょう。

この市場は、約30億円の売上規模に、20社の中小企業があります。非常に非効率的な産業構造です。売り上げはあまりにも細分化されて、どの企業も不安定な状況にあります。職人の労働条件も過酷で、極端な価格競争になりやすい状況にあります。

では、もしこの業界にある中小企業20社が5社に経営統合されたらどのようなことが起こるでしょうか。

まず、仕事の量は何も変わりません。国宝・重要文化財は数が限られており、災害や老朽化の進み具合によって仕事が増えた、減ったということはありますが、業者の数が減ったので、修理予算も減るなんてことはありません。

予算が変わらないので、職人の需給にも影響はありません。所属する会社は変わりますが、仕事量自体は何も変わりませんので、必要とされる職人の数も変わらないのです。経営統合によって、経理や総務という一部管理部門は人員削減の対象になるかもしれませんが、「文化財の仕事をしている職人」が職にあぶれるようなことはないのです。

ならば何が変わるのかというと、職人の「待遇」と「質」です。

これまでの小さな規模の会社から規模が大きくなりますので、利益が集約して一社あたりの総額が増えて、より高度な設備投資などができます。規模拡大によって、無駄がなくなって、余裕ができ、これまでよりも労働環境も安定するので、職人は安心して仕事に打ち込むことができます。

設備投資ができるということは、研修などの人材育成の余裕もできるということですから、技術の継承が促進されます。職人一人一人の専門性も上がっていきます。つまり、これまでは20社に職人を分散させて、それぞれが値段を下げるなどの過当競争をしていたところ、それが緩和されて、5社が仕事の「質」を競い合うという健全な競争が始まるのです。

ゴールドマン・サックスレポートの衝撃

このような企業統合のメリットをご説明して、もっとも多く誤解されるのは、「生産性向上のために小さくて弱い会社は消えろということか」ということです。

最新の経済理論に基づけば、規模の小さい企業、競争力の弱い企業がなくなるだけでは、生産性は十分には上がりません。もっとも生産性を高めるのは、弱い企業が統合して、強い企業へ成長していくということなのです。つまり、正確には「弱い会社が消えれば生産性が上がる」のではなく、「強い会社を増やすことで、生産性が上がる」のです。ですから、表面的には弱いプレイヤーが消えているように見えますが、全体を俯瞰《ふかん》してみれば、消えたと思われたプレイヤーは集約しているだけなのです。

このあたりはなかなか理解が難しいと思いますので、具体例でご説明しましょう。

1998年、私がまだゴールドマン・サックスにいた頃、当時19行ほどあった主要銀行について、「日本の主要銀行、2〜4行しか必要ない」という過激なタイトルのレポートを出しました。短いレポートではありましたが、この提言の根拠は非常に明快でした。

当時は、世界のリーディングバンクを分析すると、一行あたりのシステム投資総額が2000億円だということがわかりました。一流金融機関と二流金融機関は、システム投資額が2000億円以上かどうかで分かれていました。巨額のまとまった最先端技術への投資ができるということは競争力があるということですから、ここが一つの指標となる、と私は結論づけました。

そして、さらに分析を進めていくと、2000億円というのは、だいたい一流金融機関の売り上げの1割にあたることがわかりました。では、この投資比率を日本の大手銀行に当てはめてみるとどうなるか。

当時、日本の主要銀行の売り上げをすべて合わせると8兆円でしたので、その1割が8000億円です。もし日本がこれから世界と同様、2000億円のシステム投資ができる一流金融機関が誕生するとなれば、4行分しかありません。

ということは、裏を返せば、統合再編を進めて、日本の金融市場をどんどん効率化するため、いずれは4行以下にまで集約されるべきということでした。独占禁止法上の問題から、2行は絶対に必要です。そこでレポートのタイトルにあるように、「2～4行」という結論が導き出されたというわけです。

このレポートを出した当時、私とゴールドマン・サックスには凄まじい批判が寄せられました。13行以上の銀行が消えるということは、そこで働く人々はみな路頭に迷うのかと、弱者切り捨てだと怒る人もいらっしゃいました。

ただ、事実としてこのレポートを出した後に19行あった銀行は現在は大手3行にほぼ集約されました。全国で失業者は溢れかえっているでしょうか。

そんなことはありません。19行で働いていた労働者の多くは集約されて、企業規模が大きくなった3行に吸収されています。企業の統合と、失業はまったく別の話なのです。

そして統合が大きなメリットを生みました。

当時、日本の主要銀行のシステム投資は売り上げの1割でしたが、19行がまったく同じ基幹システムをつくってもきわめて非効率で低次元なシステムしか作れません。これを集約することによって、設備投資の効果を飛躍的に上げることが狙いであり、事実そうなりました。

もっとわかりやすく言えば、10人が1億円を出して10軒の家を建てるのと、10人が集まって10億円を使って立派なマンションを建てるのと、どちらが堅牢な建物になるかを考えればわかるかと思います。

このように企業の規模が大きくなればなるほど生産性が上がるのは、揺るぎない事実です。それを実現するために小さな企業を統合させ、労働者を集めていくことが必要です。弱い会社が消えることで、生産性が高まるというような単純で表面的な話ではないということだけは、どうかご理解ください。

ベンチャーではごまかせない

という分析をすると、ならばベンチャーを促進すればいいというような主張をする人たちがいます。起業促進をすべきだというのです。

これらは、「アメリカ経済は強い↓アメリカはベンチャー起業部門が強い↓ということは、日本もベンチャー起業部門を強化すれば経済が強くなる」という、私がいたアナリストの世界ではあり得ないほど単純な三段論法から導き出されている主張です。

確かに、新しい企業というのは、古い技術や給料体系などを引きずらず、いまの世の中の技術や給与体系をベースにして起業されますので、一般的に国全体の生産性水準より高くなります。こういった新しくて生産性の高い企業が増えれば増えるほど、対立することなく、生産性の低い中小企業の影響が希薄化されるので、結果として国全体の生産性が上がっていくということはあります。

しかし、残念ながらこれも表面的な比較と言わざるを得ません。アメリカは人口が増えていますので、起業を考える人の数も多いのです。ベンチャー企業が増えているのも規制の少なさによるものだけではなく、人口増加も大きく寄与しています。これを見逃して、単純にベンチャー企業だけで生産性との因果関係は語れないのです。

また、アメリカには護送船団方式などという企業保護政策もありませんので、ベンチャー企業は数多くできますが、成長できなくて潰れたものも数多くあります。ベンチャーの半分以上は倒産している、という調査もあるほどです。

以上のことから、分析の専門家としては、アメリカ経済の強みと、ベンチャー企業との単純な因果関係は認められません。アメリカの強さは、まず人口が増えていること、そして雨後のタケノコのように湧いて出てくるベンチャーの中には、成長し、世界的な大企業になるものもあるので強く見える、ということに尽きるのです。

そもそも、日本は人口が減っているので、少なくなる一方の若い人たちが起業をしたところで、既存企業による悪影響を希薄化するまでには至りません。意義のある希薄化をするためには、既存中小企業の従業員の移動が必要不可欠となりますが、護送船団方式によって守られているため、その従業員たちはなかなか流れてきません。

つまり、１９６４年体制を変えないことには、ベンチャーを増やしたくても大きな効果は期待できないのです。

日本の新しいグランドデザインでは、ベンチャー企業も大事ですが、このような企業統合をしやすくする環境整備、法律の制定がもっとも必要となります。企業の統合を邪魔する規制を撤廃することも必要となってくるでしょう。同時に、1964年体制で生まれた「中小企業の定義」も大幅に引き上げて、企業の規模を大きくするインセンティブもつけなければなりません。

ただ、一方で、このようなインセンティブ政策だけで、当の中小企業経営者が自主的に動いて統合や再編が進むと考えるのは、あまりにも楽観的です。

経営者という人たちを動かすには、飴だけではなくて、鞭も必要となってくるのです。

では、その「鞭」を担う政策は何かというと、最近よく議論されている「最低賃金の引き上げ」になってくるのです。ただ、それを議論する前に、なぜ中小企業改革が必要なのかを考えましょう。

第５章　人口減少・高齢化で「国益」が変わった！

増える支出、減る担い手

中小企業を保護する「1964年体制」が、人口増加時代にふさわしい産業政策だったことは疑う余地がありません。

この体制の本質は、右肩上がりで増えていく生産年齢人口の受け皿をつくっていく雇用政策でした。結果、小さな規模の企業が溢れ、労働生産性は低下しましたが、日本全体の生産性をとにかく上げていくための「国策」としては間違っていなかったのです。

しかし、人口増加時代は終焉を迎えました。

いまの日本は凄まじい勢いで人口減少時代に突入しています。

加えて寿命が大幅に延び、長寿化したことで、社会保障のシステムをどう維持すべきかという課題が浮かび上がってきました。ここまで国民の平均寿命が延び、医療費や年金・介護の費用が膨れ上がることは「1964年体制」ができた時代にはまったくの想定外だったのです。

「減る一方の生産年齢人口、増える一方の社会保障予算」というこの難題は、どの先進国も経験していません。だからこそ、人口増を前提とした経済理論、人口増時代に生まれた経済学に囚われず、科学と論理に基づいた対策が必要なのです。

では、このような「減る担い手、増える支出」のジレンマを解決するにはどうすればいいのか。

その回答が、私がここまで繰り返し主張している「生産性向上」です。

人口の減少を食い止めることはできませんから、社会保障を維持するには、残された「担い手」の給料（所得）を増やしていくしかありません。給料を上げるためには、生産性向上は避けて通れません。

これからの日本の「国益」を守るには、「賃上げ」と「生産性向上」しかないのです。

それを実現するには、各企業の規模の拡大による生産性向上が必須です。

人口が減っていくから、小規模の会社で、低賃金で働く労働者を集約し、会社の規模を大きくしていくしかないのです。必然的に、企業数は激減することを意味します。

「最低賃金２１５０円」という近未来

このあたりの理屈をもう一度簡単に説明しましょう。

年収420万円の労働者が2人いると仮定します。それぞれがお金をすべて使えば個人消費総額は840万円。しかし、人口減少で2人が1人に減ったら、この人の給料が上がらない限り、個人消費総額が420万円と半分になってしまいます。では、このような個人消費の減少を避けるにはどうするかというと、残された人の年収を840万円に上げるしかありません。この関係を計算式で示すと、「420万×2（個人消費総額）÷1人」ということになります。

人口減少社会において、「賃上げ」がきわめて大切だということがおわかりいただけたと思いますが、一方で、「理論上はそうだが、そんなに簡単に賃上げできるわけがない」と主張される経営者の方も多くいらっしゃいます。そうした反論については、第6章で考察します。

しかし、これは「できる」「できない」「大変」という次元の話ではなく、「国益」の問題なのです。

どういうことか、社会保障負担を例にご説明しましょう。

まず、いま現在の社会保障負担を生産年齢人口数で割り、一人あたりの負担額を計算します。年間２０００時間働くという前提で、１時間あたりの負担額を計算してみると、２０２０年では８２４円になります。

これはつまり、２０２０年に最低賃金が時給８２４円を超えている労働者はとりあえず最低限、社会保障分だけはどうにか負担できるということです。ちなみに現在、東京都の最低賃金は時給９８５円ですから、社会保障負担を抜くと手元に残るのはほんのわずかな金額になってしまいます。

これだけでも、かなり衝撃的ですが、未来に目を向けると皆さんが到底受け入れられないような厳しい数字が並びます。

２０３０年となると、１時間あたりの負担額は１１３７円です。

２０４０年は１６４２円、２０５０年１９００円、そして２０６０年には２１５０円と、いまの賃金水準ではとてもまかないきれないほど社会保障負担が増えていくのです。

日本の給料階段の基礎となる、最低賃金を引き上げなければならないのは自明の理でしょう。個々の労働者がいまより稼ぐ必要があります。

要するに、高齢者の増加と生産年齢人口の減少によって、将来的に、この国で働く人たちの基礎的なコストは激増するということなのです。

そのコストを払うのは社会の当然のルールですから、この国で会社経営をする人たちも、コスト上昇分をしっかり給与として払わなくてはいけません。

つまり、日本の経営者にとって、賃上げはできる、できないという次元の話ではなく、国益から要請される「義務」なのです。

この試算では、2060年までに最低賃金は少なくとも2150円を超えていなければこの国はおかしくなります。

「賃上げ」という義務

というと、なぜそこまで「最低賃金」にこだわるのかと疑問を抱く方もいるでしょう。

理由は明白です。

「1964年体制」によって生まれた非常に小さな規模の企業の多くは、最低賃金かもしくはその付近の水準の賃金で社員を主に雇用しているからです。それと、残念ながらこの20年間、低賃金で働いている労働人口の割合が急激に増えたからです。

労働者を集約させ、企業の規模を大きくすることが必要だといくら訴えたところで、当の中小企業経営者が自主的に労働者を集約するようなことはしてくれません。集約するメリットがないからです。

しかし、最低賃金を引き上げれば、彼らも重い腰を上げざるを得ません。

つまり、最低賃金を引き上げる政策というのは、中小企業経営者に、生産性向上へと動いてもらうことを目的としているのです。それが規模の拡大へ繋がります。

もちろん、経営者が賃金引き上げへ踏み出せるような支援も必要です。企業の統合の促進支援、輸出促進支援、技術革新導入の支援、社員教育の支援など、国は賃上げという義務を果たそうとする経営者たちを積極的に支えなくてはいけないのです。

では、もしもその義務を経営者たちが放棄して、いまのまま賃上げをしなかった場合、日本の未来はどうなるのでしょうか。

以下のような3つのシナリオが考えられます。

1）若い人が破綻する
2）高齢者が破綻する
3）国が破綻する

まず、社会保障制度を維持しつつ賃上げをしていかないと、若い人たちの間に貧困が広がっていきます。

このシナリオでは社会保障費が増え、労働人口が減った分だけ税負担を増やすことになります。賃金が上がらないわけですから、経済的に困窮するのは当然です。生活に余裕がなくなるので、結婚や出産にも二の足を踏み、少子化にさらに拍車がかかります。

「だったらもう、社会保障制度そのものを見直したらどうだ」と言う人たちがいます。若い人たちの負担ばかりが増えるのは不公平なので、こんな制度はやめてしまえというのです。

ただ、これは感情論であって、現実的な選択肢ではありません。

超高齢社会となる日本で、社会保障制度を諦めてしまうと、確かに生産年齢人口の負担は減りますが、今度は圧倒的多数を占める高齢者の貧困が激増しますので、個人消費も減ってしまうのです。

また、生活が苦しくなった高齢者が財産をどんどん売って現金化すれば、デフレ圧力もより激化します。

その財産には当然、外貨も含まれていますので、円高が急速に進んでしまう恐れも指摘されています。つまり、社会保障を諦めるということは、日本経済を負のスパイラルに陥らせてしまうだけで、何の問題解決にも繋がらないのです。

ツケはいつか回ってくる

ならば、若者が破綻せず、高齢者も破綻しないという未来のためには、大企業が給料を上げたらどうでしょう。

トヨタなどの大企業が賃上げをしてもその効果は微々たるものです。日本の労働者の大半は、中小企業で働いています。先進国の中でも日本は大企業で働いている人の比率が異常に少ないので間に合いません。ですから、やるべきことはおのずと見えてきます。

大企業よりも賃金水準が低く、大企業よりも労働者の数が圧倒的に多い中小企業の賃上げです。

中小企業が賃上げに成功して、日本の生産性が向上すれば、税負担が重くなっても日本というシステムはなんとか持ちこたえられます。しかし、これに失敗すると生産性が上がりませんので、労働者は重い税負担に耐えることができなくなります。日本は終わりです。

「それは極論だ」「賃上げだけではなくもっと他にもできることがあるはずだ」という声が

聞こえてきそうですが、ならば、企業が給料を上げず、いまの社会保障を続けていくとどうなるのか考えてみましょう。

まず、当たり前の話ですが、国の借金が増えます。

人口減少と高齢化によって社会保障負担が増えているにもかかわらず、給料が増えず、税収も上がらなければ、国はその差額を借金で賄《まかな》うしかありません。

前述のように、2060年の労働者の1時間あたりの社会保障負担は2150円です。もし仮に最低賃金が1000円あたりの低い水準にとどまっていたら、極端な話、国が1150円を負担しなければいけません。それを日本の生産年齢人口で掛け算した額が、国の借金として毎年積み上がっていくのです。

やがて国家財政がもっと逼迫《ひっぱく》して、社会インフラの整備などのお金がさらに削られていきます。つまり、賃上げをしないで社会保障のコスト負担から逃げまわったとしても、この国で生きている限り、そのツケはいつか必ず回ってくるものなのです。

これは中小企業の経営者も同様です。「賃上げで不況が来る」「強い企業だけ生き残ればいいのか」「共存共栄」「日本型資本主義」など声を嗄らして訴え、賃金引き上げを阻止すれば、これまで通りのビジネスを継続できると勘違いしている中小企業経営者も多いようですが、世の中はそんなに甘くありません。

中小企業経営者が本来果たさなくてはいけない、「社会保障のコストを負担する」という義務を投げ出してしまえば、国の財政が急速に悪化します。

そうなるとまず削られるのが産業政策です。国民の生命・健康に直結する医療などは最後まで守ろうとしますので、企業へのバラ撒きなどから縮小していくのです。そうなると、もっとも困るのは、国からの補助や支援などに頼っている中小企業経営者です。

つまり、最低賃金引き上げを阻止すれば中小企業が守られるというのは、きわめて近視眼的な発想であり、この国で企業経営をする限りコスト負担からは逃れられないのです。

「財政拡大」も古い考え方

一方で、公共事業を増やして「国の借金を増やせばいいのでは」と主張するエコノミストもいらっしゃいます。景気が悪くなったら、国が借金して支出を増やせばいい。そうすれば、いずれ景気が良くなって借金を返済できる、という経済学の教科書に書かれている論理を引っ張って、借金はそこまで恐れるものではないと主張しているのです。最近話題のＭＭＴ（Modern Money Theory＝現代貨幣理論）の考え方も、それをより極端にした同様のものです。

基本的な経済理論では、国というのは人口が増加するもので、経済も拡大していくと考えます。

ですから、国の借金をいま大きく増やしたとしても、将来的に増えたＧＤＰに比べてその負担は軽くなるので、深刻な事態にはならないと考えられているのです。確かに、明治政府は当時としてはとんでもない額まで借金を増やしたとしても、その後のＧＤＰからすれば恐れる必要がなかったのです。ただ、いまはまったく状況が違います。

国の債務膨張は恐れる必要がないと主張する方たちは残念ながら、「人口減少」という視点が抜け落ちています。

この主張は「人口が増加する」という大前提がなくては成立しませんが、いまの日本はその大前提が崩壊しています。明治の日本では通用しましたが、人口減少・高齢化の令和日本では、増やした借金の負担はいつまで経っても軽くなりません。

もし、この大事な視点を欠いた経済政策を選んでしまうと、現在の税負担でさえ耐えられなくなっていきます。今後労働者の数は２０１５年から２０６０年までで42・５％減っていきますので、国の借金の一人あたりの負担は倍近くに膨れ上がっていきます。借金を増やすと、ただでさえ増加している一人あたりの負担はさらに膨らみます。

厳しいことを言うようですが、このようなエコノミストの主張というのは結局、学生の域を脱していません。授業で習った経済学の基本的な知識はあるかもしれませんが、経済学の真髄を理解していないのです。

もちろん、これはある意味で仕方ない部分もあります。前に述べたように、経済学の教科書に載っている理論・知識は、すべて人口増加時代に確立されたものだからです。既存の経済学は人口減少を想定していません。まずはこの事実を認識することが、経済学の真髄を押さえるということなのです。

高収入の人も例外ではない

人口が減少する日本で「国の借金が増えてもいい」という考えが社会に浸透していくことは、日本というシステムの崩壊を意味します。

なぜ崩壊ということになるのか、具体的な数字を用いてご説明しましょう。

私の試算では、高齢者が引退してから亡くなるまでの、年金、医療、介護等の負担は、大雑把に１人約６０００万円になります。ご存じのようにいま、日本は、一人の高齢者を２・

３人の労働者で支えている構造ですので、労働者は自分の生活費プラス、高齢者の社会保障額の半分、およそ３０００万円を用意しないといけません。これは一人の労働者が45年間働くと仮定した場合、毎年約67万円の負担がかかるということです。

これを聞くだけでもはや崩壊寸前という印象でしょうが、２０６０年になるともっと深刻です。人口減少から、１人の高齢者を１・３人の労働者が支えなくてはいけないので、自分の生活費以外に毎年約１３３万円の負担をしなくてはいけません。

これは賃金の高い低いに関係なく、労働者一人ひとりがその負担を背負うことになります。最低賃金しかもらっていない人にとってはかなり厳しい負担と言えましょう。

もし仮に最低賃金を時給１０００円とすると、45年間働いても生涯年収は９０００万円ですので、一人で高齢者一人分の６０００万円を負担することは不可能です。この人が負担できない場合、理屈上はもっと給料の高い人へと負担がまわされるということになっていますが、現在は最低賃金かそれに近い水準の賃金しかもらっていない層がかなり増えていますので、もはや「負担を分け合う」のも現実的な話ではありません。

不可能なことを強いられる人が増えれば増えるほど、社会は不安定になっていきます。

つまり、低い最低賃金しかもらっていない労働者が増えれば増えるほど、あるいは最低賃金が上がらなければ上がらないほど、その分だけ日本社会が混乱していくということなのです。

ここまできてしまうと、もう「国家が破綻した」と言ってもいい状態でしょう。

このような最悪のシナリオを避けて、いまの社会保障システムを維持していくには、最低賃金の引き上げなのです。

最低賃金引き上げは「国益」

最低賃金よりかなり多くの給料をもらっている人などは、自分にはあまり関係ない話だと思いがちですが、そんなことはありません。日本の給料体系というのは、最低賃金をベースにして構成されていますので、最低賃金が上がれば、その上の層の賃金も上がりやすくなります。つまり、最低賃金の問題というのは、最低賃金で働いている人だけではなく、日本社会全体として考えなくてはいけない問題なのです。

流行りの主義・思想に飛びつく人、感覚的に物事を考える人はなかなか気づくことはないでしょうが、日本経済の数字を電卓を叩きながら、現在の日本の社会制度と照らし合わして分析すると、もはや一刻の猶予もないことはすぐにわかります。

人口、経済、社会保障など、あらゆるものが啞然とするほど落ち込んでおり、このまま「１９６４年体制」を変えることを拒否して、いまのやり方を続けていたら、皆さんが想像している以上に深刻な事態になるのは明らかなのです。

人口が増えつづけていた昭和の時代の日本の国益は、企業を優遇し、賃金が安くてもできるだけ多く雇用してもらうことでした。しかし、令和の時代では、雇用促進よりもとにかく労働者の賃上げが国益となっています。この「国益の大変革」はまだ理解されていません。

それは裏を返せば、中小企業経営者の皆さんが、実はこれからの日本の命運を握っているということです。

第6章　国益と中小企業経営者の利益

目先の利益しか見えない経営者

時代の変化に伴い、「国益」というものが大きく変わったことがご理解いただけたと思います。高齢化を想定していない時代にできた社会保障制度の負担を捻出するため、「とにかく雇用重視」という過去の政策を修正する時代に変わりました。

別な言い方をすれば、その「国益」とは何かというと、労働生産性（質）を犠牲にしてでも国全体の生産性（量）を高めていた「1964年体制」の時代にできた諸々の政策を軌道修正し、労働生産性を高めることによって、国全体の生産性を高めていく政策へと舵を切ることです。

労働生産性を高めるためには「賃上げ」が必要不可欠です。これを後回しにして良いことは何もありません。だからこそ、私は早期に最低賃金の引き上げが必要だと主張しているのです。

しかし、そのような主張に強固に反対する勢力が存在します。

それはもちろん、中小企業の経営者です。それは当然のことです。世界的に見ても、中小企業は雇用に大きく貢献しますが、生産性にはそれほど貢献しないからです。

本章ではまず、彼らの反対論がはたして国益に結びつき、科学に基づいたものであるのか否かを検証します。

中小企業経営者の方たちの多くは、人口減少など自分たちには関係ない、と賃上げに頑なに反対しています。

もちろん、これは予想通りの展開ではあるのですが、皆さんの主張を聞いていると、そもそも「人口減少」ということに対しての理解がない方がかなりいることに驚きました。また、時代が変わって日本の「国益」というものが変わったということをわかっていない方も多くいます。もちろん、中にはわかってはいるけれど、「自分には関係ない」と捉えている人もいます。

このような理解不足はあるにせよ、中小企業経営者の皆さんが最低賃金の引き上げに反対するのは仕方がない部分もあると思います。

彼らからすれば、国がつくりだした「１９６４年体制」のもとで、ルールを守って自分の利益を得てきたわけです。最低賃金を引き上げそのルールをいきなり変える、と言われたら全力で反対をするのはきわめて当然の反応です。国益が変われば、ルールも変わります。国のルールのもとで、会社は安定して黒字なのに「賃上げをしなさい」「生産性を上げなさい」と言われても、企業としてはそのルールに従うことは「義務」ですが、彼らの立場になれば、そのような話はすんなり受け入れられないのです。すなわち、会社の利益と国益は対立します。

会社のビジネスモデルを変化させる生産性向上・賃上げという話をすると、中小企業経営者たちの多くは、「経営していくだけでも大変なので、日本経済のことなどかまっている余裕がない」と主張します。

実際、中堅企業経営者の団体である経済同友会も賃上げに反対しています。2019年の春闘で、労働組合の代表である連合が、「基本給の引き上げ」、いわゆるベースアップを重視する姿勢を見せたことに対して、経済同友会の代表幹事（当時）の小林喜光氏は会見で、以下のように発言しました。

「世の中、予測不能なことが増える時代にいつまでも右肩上がりのベースアップってアホじゃねぇかと。時代は変わるんですよ。良い時もあれば悪い時もあるんだよ」

これは何も代表幹事の個人的な考えではなく、日本の中小企業経営者のきわめてベーシックな考え方でしょう。しかし、残念ながらこれこそが、日本の中小企業の生産性を低くしている側面があることも認めなくてはいけません。

そして、この発言からは、人口減少によってこの国はどうなるのか、それに対応するためにどうすべきかというところまで考えが至っていないことが窺えます。日本の経営者の多くがそうなのです。

厳しいことを言えば、自分の会社の目先の利益と、経営者としての利益にしか目がいっていません。

これが、国主導の賃上げが必要という根拠です。

国益を考えれば最低賃金を毎年５％ずつ引き上げることは必要不可欠ですが、日本の経営者にはそれを自主的に行うつもりもなければ、そもそもその発想もありません。自分で変革することが期待できないのなら、国が背中を押すしかありません。

抵抗しているのは、経済同友会だけではありません。日本商工会議所（以下、日商）も、安倍政権の「早期に１０００円の最低賃金を実現する」という骨太方針に反対を唱えています。

日商は全国５１５の商工会議所を会員とし、彼らを統合・調整する団体です。商工会議所の会員数は全国で１２５万（２０１５年３月現在）にものぼるということですから、間違いなく、「賃上げ反対」を掲げる日本最大規模の圧力団体と言っていいでしょう。忘れてならないのは、日商は一般的に言って中小企業そのものの団体ではないということです。正確に言うと中小企業の社長たちの団体です。

反対は立場的なものではなかったようです。事実、日商は政府に対して要望書を出すのはもちろん、各政党にも働きかけ、それぞれの地方組織が、地元の国会議員に対して陳情作戦に出ていたそうです。政治家は選挙が大事ですので、このような「地元財界」からの声を無視することができないのは言うまでもありません。そのような意味では、日商の主張は日本の「賃上げ反対」論の代表的なものと言っていいでしょう。

では、そのポイントはなんでしょうか。日商に加え全国商工会連合会、全国中小企業団体中央会など、中小企業の業界団体による、「最低賃金引き上げ反対論」の根拠は以下の3つに集約されます。

1）いきなり最低賃金を上げると倒産する中小企業が続出する
2）従業員の雇用を守るためにも、長期にわたって安定的な経営をすることが重要
3）そもそも、賃金は企業経営者が判断すべきで、最低賃金といえども、政府の介入は最小

限にするべき

本書をここまで読んでいただいた方は、これらの主張が「社会保障がパンクしようとも自分たちさえ良ければいい」というきわめて自己中心的な考え方に立脚したものだということはわかっていただけると思います。

特に、1）の「最低賃金を上げると倒産する中小企業が続出する」という主張はよく見かける極論で、ただの脅しと言わざるを得ません。イギリス政府も1999年、最低賃金を導入した時に、経営者団体からまったく同じ批判を受けました。しかし、後ほど詳しくご紹介しますが、その主張の根拠はありませんでした。

ミクロ企業倒産はむしろ善

日商等の極論が論理的思考に立脚したものではないことは明白です。最低賃金1000円すら受け取れないということは、勤勉で真面目な労働者が年間2000時間働いても年収2000万円も手にできないということを意味します。

こんな所得では当然、社会保障の重い負担を捻出することもできませんし、何よりも憲法に明記された、国民すべてが有する「健康で文化的な最低限度の生活を営む権利」を奪われているのと同じです。

つまり、最低賃金を1000円に引き上げたことで倒産してしまうような、低賃金労働に依存した企業は、日本社会にとっても労働者にとってもマイナスでしかないのです。人手不足下でもあり、倒産をしてくれたほうがありがたいくらいなのです。

厚生労働省のデータを見ればその実態がよくわかります。

企業の規模が小さければ小さいほど、最低賃金もしくはそれに近い労働者の比率が高くなっています。これは「1964年体制」の影響がいまだに尾を引いているということを意味します。

賃金が安ければ安いほど起業しやすくなりますし、ミクロ企業でも存続しやすくなります。つまり、低賃金労働が「護送船団」となって、競争力の弱い会社を保護しているのです。だから海外では特にミクロ企業の雇用を「低質」雇用と呼びます。

最低賃金を引き上げてしまうと、この「弱者」がすべて潰れてしまう。「弱者切り捨てだ」と大騒ぎをする人もいますが、それこそ科学的視点をまったく欠いた感情論だと言わざるを得ません。海外では最低賃金を段階的に引き上げても廃業や倒産の増加はなかったのに、日本では続出するというなら、その理由を示してもらいたいと思います。

では、失業者はどうでしょうか。最低賃金で働いている労働者は全中小企業の約１割と言われているので、大量の失業者が出ることはないのです。科学的根拠も示さず、倒産が増える、続出すると、ただ感情的に騒ぐのは、経営に携わる者としてあまりに無責任です。倒産が増えるというなら実際に何社が倒産して、社会にどの程度の影響が出るか試算していただきたいと思います。

また、もっと厳しいことを言わせてもらうと、「賃金を上げれば会社が倒産する」という考え方をしている時点で、残念ながら経営者としての資質がありません。

こういう訴えをする人たちの考え方は、売り上げが完全に固定されているので、賃金を上げるとプラスマイナスで利益が減る、というきわめて単純な構図でしかないのです。そのため、人件費に使える予算も固定されているので、最低賃金を上げるのであればその分雇用する人数を減らすとしか考えられないのです。

しかし、本来経営は「売り上げをいかに増やしていくのか」ということに尽きます。賃金を引き上げたら倒産すると訴える経営者には、「成長」という視点がごっそり抜け落ちているのです。

つまり、経営者が「賃金を上げると会社が倒産する」と騒ぐことは、「私は経営者として無能なので、売り上げを増やすことができません」と言っているのと同じことです。世の中に対して非常に恥ずべき「告白」をしているということがわかっていないのです。

また、もし仮に倒産による失業者が出たとしても、先ほども申し上げたように人手不足下の日本ではそれが「弱者救済」になります。

日本では様々な業種で労働力が不足しています。これは最低賃金1000円以上を支払って、社会責任をきちんと果たしている企業も同様で、働いてくれる人を常に探しています。

では、そこで最低賃金1000円を支払うことができない企業がこぞって倒産したらどうなるでしょうか。能力の低い経営者が自分の生活のために囲っていた労働者が、労働市場へと大量に解き放たれます。当然、彼らはより良い労働環境を求めますので、最低賃金以上の賃金を払ってくれる会社へと流れていきます。これまで経営者の保身によって低賃金を押し付けられていた労働者は、新しい会社に移ることで賃金が上がり、幸せになります。

「国益」に貢献し、社会的責任を果たしている企業からすれば、それによって人手不足が緩和されます。

つまり、最低賃金１０００円の支払い能力さえないような人が会社経営を諦めてくれることは、日本社会全体にとって、多くの人が幸せになる非常にありがたいことです（経営者本人は税優遇される利権を手放すことになり、残念かもしれませんが）。

このように、私は日商など中小企業経営者の方たちの主張に対して、ネットの記事や講演の場で繰り返し反証してきました。そのためなのかはわかりませんが、最近の日商は、これまでの主張を少しずつ変えてきています。

一言で言うと、「賃上げが必要なのはわかるが、中小企業はすでに賃上げをしているので、この自然の流れに任せるべきだ」というものです。

日本の経営者への不信感

日本商工会議所会頭の三村明夫氏は、『日本経済新聞』（２０１９年6月13日付）のインタビューで、政府の「最低賃金１０００円」という数値目標に反対を表明して、以下のようにおっしゃっています。

「生産性の向上は必要だ。なんの異論も無い。しかし、セーフティーネットである最低賃金を生産性の引き上げや賃金全般を引き上げる道具として使うのはおかしいのではないか。生産性を引き上げるプレッシャーは中小企業にすでに十分かかっている。いまは労働需給が締まっているので、本来であれば生産性が上がり業績が上がったものを賃金に分配するのが正しいが、そうでなくても人手を確保するために賃上げをせざるをえない。防御的な賃上げを余儀なくされている」

前半についてはこれまで何度も指摘させていただきましたが、注目すべきは後半部分です。中小企業はすでに強い賃上げのプレッシャーにさらされており、今後、自然な流れで賃上げは進むので、それを信じて温かく見守っていて欲しいというわけです。

実はこれは三村氏に限らず、最近多くの財界人が口にしている新しい「落としどころ」です。事実、日商が全国商工会連合会、全国中小企業団体中央会とともに2019年5月に発表した「最低賃金に関する緊急要望」にも、このような要望があります。

〈余力がある企業は賃上げに前向きに取り組むべきことは言うまでもないが、政府は賃金水準の引上げに際して、強制力のある最低賃金の引上げを政策的に用いるべきではなく、生産性向上や取引適正化への支援等により中小企業・小規模事業者が自発的に賃上げできる環境を整備すべきである〉

これは噴飯ものの主張だと言わざるを得ません。経営者が「自然の流れ」によって、もしくは「自発的」に賃上げをしてこなかったことは、これまでの歴史が証明しています。日本政府は30年以上も経営者を性善説的に信用して、経済が自力で回復するときを待ってきました。

護送船団方式に代表される産業保護政策によって企業を守り、生産性向上への「猶予」を与えつづけることで、経済が成長して自然と賃金も上がっていくと考えていたのです。その考え方を裏付けるよう、国は企業を守るための補正予算を右肩上がりで増やしてきました。

しかし、その結果はどうでしょうか。

長年にわたるゼロ金利政策や、日銀による金融緩和などを実施してきたにもかかわらず、日本経済は一向に回復しません。様々な分野で大きなシェアを誇っていた日本企業も、いま世界で存在感があるのは自動車産業くらいです。

他の先進国の経営者たちは、この20年で給料を約１・８倍も増やしてきたのに、日本の経営者は９％減少させ、かつては世界９位だった生産性は世界28位まで下がっています。

経済の低迷が、子どもの貧困、格差社会、非正規の激増など様々な社会問題を引き起こしています。

厳しい言い方ですが、自然の流れに任せた結果がこれです。経営者の自主性に任せて、自発的に賃上げをしてくれるはずだという期待はあっさりと裏切られてしまいました。

人口が右肩上がりで増えている時代なら、労働者も消費者も増え、自然に経済が伸びていきます。中小企業が賃上げをしなくても自然と日本の国力も増していきました。

しかし、現在の日本は人口が減っています。そして、この減少具合は年を追うごとに激しくなりますので当然、経済が縮小していきます。社会保障の負担も増し、もはや放置できないところまできてしまっています。

人口が増加している時代は、人口が増加する以上のペースで小さな企業の数が増えていましたが、いまは人口が減少している時代ですので、人口が減少する以上のペースで小さな企業の数を減らさないといけません。自然の流れでは間に合いません。

もはや、「自発的」、「自然の流れ」などと悠長なことを言っている場合ではないのです。

核心を衝かれると抵抗する

なぜ最低賃金引き上げなのかという理由は二つです。

2016年以降の3年間、安倍政権の下で最低賃金は毎年ほぼ3%ずつ引き上げられてきましたが、これから人口減少が本格化するので、そのペースを上げていかなければいけません。これが一つ目の理由です。

そしてもう一つの理由は、最低賃金とは「国益」が求める「最低生産性ライン」でもあるためです。

ここまでお話ししてきたように、賃金と生産性は表裏一体なので、「最低この賃金を払いなさい」ということは、「社会保障を維持するには最低でもこれぐらい生産性を上げなさい」というのと同義なのです。

この「最低賃金は国益の最低生産性要求である」ということを理解している中小企業経営者は、決して多くありません。いや、そもそも理解することさえも拒んでいる印象です。

そこで持ち出される反対論について検証をしていくと、ほぼ例外なく科学に基づかない感情論に行きつきます。それは1964年体制の思想に基づいた、結論ありきで論理的に破綻した主張であることが多いのです。

ただ、私自身は、中小企業経営者の皆さんが激しく抵抗すればするほど「国主導で最低賃金の引き上げをすべき」という提言が正しいことを確信します。

日本の経営者は、核心を衝いた提言をされるとなぜか激しく反発する傾向があります。アナリスト時代からそのようなパターンを何度も見てきました。科学的データで反論できないとなると、「外国人に何がわかる」など人格攻撃をするのも常套《じょうとう》で、そのような声が強くなればなるほど、逆に本質に近づいているのだと確信できます。

最低賃金引き上げの効果はデータをもって科学的に確認されています。特に、経営者による自発的な賃上げが期待できないなら、最低賃金引き上げをするしかないことは明白です。ですから、日本は最低賃金を引き上げる効果が強く期待できる国なのです。『日本人の勝算』で詳しくご紹介していますが、世界的には、最低賃金の引き上げで企業が倒産するなどというロジックは過去のもので、逆に企業は苦しい時こそ最低賃金を引き上げていかなければいけない、ということが常識となりつつあります。

たとえばイギリスは１９９９年に最低賃金を導入し、いままで年平均４・２％最低賃金を引き上げてきて、20年で２・２倍になりました。リーマンショックの後の大不況の時でも引き上げています。

いまの日本と同様に、経営者団体は当初この最低賃金引き上げに反対しました。企業が潰れて、失業率は上がると脅していましたが、いざ最低賃金が引き上げられても、企業廃業や失業率などの影響は見られませんでした。それどころか最低賃金で従業員を雇っている企業の生産性向上が確認されたのです。

つまり最低賃金を引き上げることで、生産性が向上したのです。

生産性上昇してから最低賃金を引き上げ!?

海外では、この20年間、最低賃金を経済政策として考えるようになり、最低賃金を段階的に引き上げていくことによって生産性向上を図ることができるとわかってきました。しかも、上手にやれば失業者も増えません。

残念ながら、日本国内の最低賃金引き上げ反対派の人たちはその逆に、生産性が上がる結果として最低賃金が上がることが「正しい因果関係」だと訴えています。皆が示し合わせたように同じ表現を使って主張しているということから、経産省なのか、経営者団体なのかわかりませんが、誰かが戦略的にキャンペーンを仕掛けている気もします。

このように「変わらない」ことを正当化するために、次から次へと誤った理屈、非論理的な屁理屈をつくりだすのが得意です。それは銀行アナリスト時代から何度も見てきているので、確信できます。

確かに、これまでの通常の経済学に基づけば、生産性を上げることで最低賃金が上がるという因果関係は「常識」です。しかし、いまの日本は異常事態です。人口が減少するということ自体、これまでにない「非常識」な出来事ですので、常識的な考え方は通用しません。いままでにない考え方、「非常識」な考え方が必要なのです。

事実、強烈な金融緩和をしているのにインフレにならないなど、世界各地でこれまでの「常識」では説明のつかない現象が起きています。だからこそ、諸外国では、これまで言われてきた生産性と最低賃金の常識を逆さまにすることで、経済を上向きにさせるための挑戦をしています。それによって、成果もしっかり出ており、因果関係も検証されています。ですから、ときに言われるような「最低賃金を引き上げると生産性が上がるのは相関関係と因果関係を間違っている」という主張を認めることは到底できないのです。

自分で言うのもなんですが、相関関係と因果関係を勘違いするようなレベルでは、ゴールドマン・サックスでアナリストは務まりませんし、ましてやトップアナリストにもなれません。これまでのようなキャリアを歩むことはできるわけがないのです。

労働生産性は必ず上がる

そこであらためて、なぜ最低賃金を引き上げると生産性が上がるかを考えていきたいと思います。

反対派の人たちの主張を聞いていると、「生産性」についての理解が確立されておらず、議論の争点が整理されていないことが多いと感じます。様々な概念がごちゃまぜになっているのです。

だからまずは、生産性向上と最低賃金の因果関係を整理しましょう。学問ですのでやや難解に感じるかもしれませんが、しばらくお付き合いください。

まず、最低賃金を引き上げたら「労働生産性」が上がるということには反論の余地はありません。最低賃金で人を雇用している企業というのはボロ儲けをしているブラック企業でもないかぎり、間違いなく生産性の低い企業です。

最低賃金の引き上げによって、そのような企業が生産性を上げれば、全体の平均は上がります。日商が言うように、生産性を上げることができない企業が倒産しても、すべての企業の平均である労働生産性の統計から、もっとも低い数値が除かれますので、全体の平均は上がります。

数字で説明しましょう。仮に付加価値が1と3と5の企業があって、各社に労働者が1人ずついるとすると、その国の労働生産性は（1＋3＋5）÷3＝3です。1の付加価値しかない企業が倒産すれば、労働生産性は（3＋5）÷2＝4と上がります。

つまり、最低賃金を引き上げれば、どう転んでも労働生産性は上がるものなのです。

ですから「最低賃金を引き上げると企業が倒産し、労働生産性は上がらない」という反論は誤りです。「企業が倒産する」時点で、労働生産性が上がることを理解できていないからです。結果と原因がごちゃ混ぜになった支離滅裂な主張です。


このように最低賃金の引き上げが労働生産性の向上につながることには議論の余地がありませんが、一方で、国全体の生産性がどうなるかについては議論の余地があります。

まず、「上がらない」と断言するのは「結論ありき」の論理の飛躍だと言わざるを得ません。正確には、「最低賃金を引き上げると労働生産性は間違いなく上がるが、国全体の生産性が上がるかどうかは別問題である」というのが正しいのです。

上がるシナリオもあれば、下がるシナリオもあり得ます。イエスノーで割り切れるような、単純な話ではないのです。

国全体の生産性は

先ほどの例を使って説明しましょう。今回もまた、1と3と5の付加価値を上げている企業に、それぞれ1人ずつの社員がいると仮定します。1と3と5ですから、付加価値の合計は9です。一人あたり付加価値は9÷3で3です。

そこで、最低賃金引き上げによって生産性1の企業が倒産し、その企業で働いていた1人が失業者になると仮定します。付加価値の合計は3＋5＝8に減ります。労働者の2人で割ると、労働生産性は8÷2＝4に上がります。しかし、国全体の生産性ということで言えば、失業してしまった1人も含みますので、8÷3≒2・7と、最低賃金引き上げ前の3を下回ります。

日商と私の見解はここで分かれます。日商のように最低賃金引き上げに反対している人たちが強調したいのは、この理屈です。労働生産性は上がるけれど、国全体の生産性は下がると主張しています。

ただ、これはきわめて表面的で、望む結論へと持っていく誘導的な分析です。

この反対の理屈は、生産性1で働いていた労働者が、死ぬまで失業したままという前提で成り立っています。はたして、いまの日本で現実的にそんなことが起きるでしょうか。

また、共存共栄という観点での理想的なケースは、1の生産性しかあげていない企業が倒産せず、融資を受け、設備投資をし、新しい商品を作ったり、新しい技術を使ったりして、付加価値を高めようとすることです。

先ほどのケースで言えば、企業努力で付加価値が1から2に上がれば、国全体の生産性が3から（2＋3＋5）÷3≒3・3に上がります。

もっと理想的なシナリオで言えば、生産性1の企業が買収や統合によって生産性の高い企業に吸収され、そこで働いていた人が生産性5の企業で働くようになることです。

企業は新しく増えた社員を再教育することで、それまでできなかった輸出ができるようになるかもしれません。そのように新しく入った人が5の生産性を発揮すれば、全体の付加価値は3＋5＋5＝13と向上します。労働生産性はもちろん、国全体の生産性も、13÷3≒4・3と格段に上がっていきます。

要するに、最低賃金を上げても国全体の生産性は上がらないと主張する経営者は、「労働者はスキルアップしない」「最先端技術は活用しない」「輸出も拡大しない」「日本には人手不足が存在しない」という、あまりにも現実とかけ離れた仮定に基づき、労働者を「頭数」でしかカウントしていないゼロサムゲームの発想なのです。

つまり、最低賃金の引き上げと生産性向上の因果関係が逆であるという主張は、日本経済の要素がすべて不変で、経営者には対応力がまったくない、と言っているのと同じなのです。単純に、極論に基づいた脅しに過ぎません。

日本企業はなぜ窓際族を生むか

私はかねて、日本の経営者の経営戦略が間違っていたことが、日本経済低迷の原因だと主張しています。しかし、生産性1の企業が倒産した場合、失業した労働者が生涯、職を与えられなかったり、「お尻に火がついた」状態の企業が1の生産性を2に上げることができないほど、日本の経営者が無能だとは思っていません。もちろん、日本人の労働者にスキルアップの可能性がないとも思えません。

そこできわめて大事な争点となるのは、生産性の低い企業、先ほどの例で言う付加価値が1しかない企業がどうなるかです。商工会議所の主張では、

・最低賃金を引き上げたら倒産する

・倒産した企業にいた社員は、死ぬまで次の職につくことができない
・その事態に経営者も対応できず、労働者がスキルアップすることもできない

という、極端な前提となっています。

人間は成長しない。もう再教育はできない。そのような極端な考え方は、一部の日本の経営者がよく口にしています。一方、最低賃金で働いている労働者のほうも、その程度の賃金を払う器でしかないと言います。

実際、日本企業はほとんど社員教育をしていないという事実があります。私自身、日本で企業経営に携わるようになって、ゴールドマン・サックスにいた時に比べると社員を指導・教育して、スキルアップをする文化は薄いと感じています。「あの人はそういう人だから、何を言っても変わらない」と諦めることが多いのではないでしょうか。

その結果が、日本の大企業の独特な文化である「窓際族」です。外資系の大企業の場合、あのような人材の無駄遣いはしません。徹底的に再教育して、社員も十分努力をし、それでも改善をしない場合は首切りする。日本企業は共存共栄でありながらも、実は、その人の力を引き出さずに「放置」しているのです。

このような考えだから、付加価値1の企業は1のままということになるのですが、それは

経営者への最大級の侮辱なのです。もしそんな企業が現実に存在するのなら、その経営者は存在意義がほとんどありません。「無能」と言ってもいいでしょう。

つまり、「最低賃金が上がったら倒産会社が溢れかえる」と主張する経済学者、評論家の皆さんは「日本の経営者は究極に無能だ」「日本人は成人してからは成長できない」と叫んでいるのと同じです。こんな侮辱を許していいのでしょうか。

イギリスが示すエビデンス

この20年間、最低賃金を引き上げつづけてきたイギリスでは、政府が大学に依頼して、賃金引き上げの影響を詳しく分析しています。具体的には、最低賃金もしくはそれに近い賃金で雇用している割合の高い企業を対象にして、最低賃金を引き上げる前と、後の決算書を継続的に分析しているのです。

そこで判明しているのは、もっとも影響を受けた企業群でも廃業率が上昇することはなく、単価を引き上げることもあまりなく、雇用を減らすこともなかったということです。そしてここがきわめて大事なポイントですが、経営の工夫と社員のモチベーション向上によって、労働生産性が上がったことが確認されているのです。

要するに、付加価値が1の企業がちゃんと付加価値を2に上げているのです。日商や一部の経済評論家の人たちが主張されていることが間違いであることの動かざる証拠と言っていいでしょう。

最低賃金の引き上げと、国全体の生産性向上との因果関係を否定される方は、この英国の分析結果の存在を知らないのか、経営者・労働者の努力を見落としているのかのどちらかだと思います。

このように、最低賃金の引き上げと生産性向上には因果関係があることがすでに海外の研究で徹底的に解明されています。統計を用いた検証も複数行われ、完璧な分析結果も出ています。

最低賃金を引き上げても国の生産性が上がらないと言いたいのなら、まずはこういった科学的根拠を否定する材料を提示して、イギリスでできたことが、なぜ日本ではできないのかということを説明しなくてはいけません。しかし、どなたからもそのような形での反論はないのです。

私は、日本が深刻な人手不足である以上、最低賃金を上げれば労働生産性が上がるだけでなく、国全体の生産性も上がると考えています。繰り返しになりますが、海外の実証研究では最低賃金を上げることによって労働生産性が上がることに加えて、さらに肝心な「失業率への影響」「既存企業による付加価値向上」もしっかりと確認されています。

新古典派のエコノミストたちは、最低賃金を引き上げていけば、その分だけ失業者が増えるという説を唱えていました。

しかし、この実証研究によって明らかになったのは、最低賃金を引き上げても失業率は上がらず、むしろ下がるということです。

なぜこのような結果が出るのかということは、実は簡単に理屈で説明できます。

新古典派のエコノミストの説は、労働市場というものは完全に効率的であるということを前提としていますが、現実の労働市場はそうではないからです。交渉力の弱い人がいたり、転職のための情報が不完全だったり、転職する障害があったり、など現実の労働市場は必ずしも効率的ではないということが、様々な研究でも実証されています。

前提がおかしいので、当然、新古典派エコノミストの主張はおかしくなるのです。

このように「最低賃金引き上げで倒産が増える」派の人たちは、実は根拠とする科学的・客観的データを持っていません。そこで苦し紛れに引っ張ってきているのが、韓国の失敗例です。

韓国はこの2年間に約30%も最低賃金を引き上げています。海外の学者は、単年で12%以上引き上げることは危険であると結論付けていますし、私は日本では毎年5%ずつ引き上げることを提言しているので、韓国の「暴挙」とはまったく関係ありません。そもそも比較対象にもならないのです。

合理的な「国益反対」

このような強引で感情的な話ばかりでは、「国益」を損うどころか、実は当の経営者の皆さんが大きな損失を招くことになります。

日本の最低賃金はイギリスよりも30%低くなっています。これまで指摘したように、イギリスが実現できた生産性向上策が、日本でできないと考えるほうが無理があります。それはつまり、日本にはまだまだ大きな生産性向上のポテンシャルがあり、企業も成長の「伸びしろ」があるということなのです。そのような「勝算」があるのに、当の中小企業経営者はなかなかこのような考えを受け入れてはくれません。

ただ、これは彼らの立場に立ってみれば、ある意味ではきわめて合理的な判断なのかもしれません。中小企業の経営者が自分の立場、自分の収入など、自分の「保身」を最優先にすれば、日本経済や「国益」などいっさい無視して、賃上げに強硬に反対するのは当然です。そして実はこれこそが、日本の生産性の低さの主因が中小企業である、ということの最大の根拠でもあります。

中小企業経営者は日本経済の中で圧倒的な数を占める最大勢力です。その圧倒的マジョリティが「自分たちの利益を守る」という保身から賃上げに反対するわけです。彼らからすればそれはきわめて合理的な判断なので、なかなかその考えを覆すことはありません。結果、経済の「多数派」が強固に団結して、賃上げ反対圧力をかけつづけるわけですから、生産性は向上しません。

日本では、細かい仕事もきっちりこなし、朝から晩まで真面目に働いている労働者がきわめて安い賃金しかもらっていません。これは客観的に見れば、この真面目な低賃金労働者が「我慢」をしてくれたおかげで、経済合理性のない小さな企業が多く存続できるとも言えるのです。

給料を上げれば、会社の統合・再編が進みますので企業数は激減します。それは、社長の数も激減することを意味します。つまり、生産性向上をしていくことの本質とは、労働者ではなく社長の失業率が上がることなのです。日商の会員数も減ります。

もう一つの合理的な理由があります。国として企業経営者に望むのは、企業の規模をどんどん大きくして、最先端技術を活用したり、輸出拡大に乗り出したりということですが、企業経営者としてはそれを実現しようとすると「中小企業の壁」に直面します。生産性を上げるには規模の拡大が必要ですが、それをするということは、中小企業の定義から外れてこれまでの優遇措置を手放すということですので、二の足を踏んでしまうのです。このような、「自分たちを守る」という経営者の合理的判断が結果として、日本に小さな会社を溢れさせ、生産性向上を阻む結果となりました。そして、その合理的判断が「賃上げ反対」の圧力となっているのです。客観的に見れば、中小企業の経営者は国益のために底上げを求められているわけですが、それによって税の優遇を失う板ばさみのような状態だと思います。

経営者は「自分を守る」という合理的判断によって賃上げに反対しているつもりなのですが、外形的にはどうしても「国益に反してまで既得権益にしがみついている」という構図となってしまっているのです。

人口増時代の政策のまま

これを踏まえて、話を日本商工会議所の主張に戻します。

前に述べたように、日商は、まずは生産性を上げやすくする環境整備をしてください、生産性が上がったら賃金は自然に上がっていきますと主張していますが、これはかなり悪質で腹黒い主張だと思います。

実は日本の生産性は１９９０年以降、少しずつ向上しています。しかし、賃金は上がることなく、むしろ実質的には減っているのです。厳しいことを言わせていただくと、日商の主張はあまりにも「詐欺的」だと言わざるを得ません。

以上のことから、どんなに国が頑張って生産性向上の環境整備をしたところで、結局、増えるのは賃金ではなく、内部留保となる可能性が高いのです。

内部留保は、経営者と株主の利益にしか繋がりませんので、国全体の利益に貢献しません。

また、そもそも国が生産性向上の環境整備をしたところで、「１９６４年体制」が続いている以上、１００年経っても生産性は向上しません。ということは、経営者は賃金を上げなくていいということです。もしそれを見据えて、確信犯的にこのような主張をしているとしたら、政府を騙すわけですので相当悪質です。

どちらにせよ、357万社ある中小企業が賃上げしなければ、日本の生産性はいつまでも向上しません。いつまで経っても「低成長」や「デフレ」から脱却することができません。経済は上向くことはなく、どんどん悪化していくので、中小企業は「合理的判断」に基づいてさらに賃上げを拒否していくという、悪循環に陥ってしまっているのです。

「公私混同」と生産性

ここまで論考を進めていくと、問題のポイントが見えてきたと思います。

「国益＝賃上げ」であり、「企業の利益＝賃下げ」です。

経済活動も国があってのものですので、やはりまずは「国益」を守らなくてはいけないということは言うまでもありません。

労働者は給料から「国益」を守るための税金を天引きされます。問答無用です。ならば、経営者も「国益」のために「賃上げ」をしなくてはいけないというのが道理なのですが、一部の経営者は「負担逃れ」をしています。なぜ経営者だけこのような「ズル」が許されるのでしょうか。

払わなくてはいけないものを払わない、納めなくてはいけない税金をどうにか逃れようとする、という経営者も世にたくさんいます。中小企業の会合で、よく、「優秀な人材を安く雇って働かせるのは社長の腕の見せどころ」「上手に節税しないのは社長として無能だ」と聞かされます。

その社員の低い給料と税金を払わないギャップは公私混同です。そのようなモラルの低さが関係しているのではないかと思ってしまうほどの、不公平で不条理な話です。しかしこれは国がつくってきた制度なのです。中小企業基本法で中小企業の定義を小さくして、最低賃金も低く設定し、優遇策にも期限がないので、税優遇目当ての企業を非常に増加させてしまいました。

すべての中小企業ではそうだというわけではありませんが、税金を払わない企業の多さと、いつまで経っても中小企業の壁を越えようとしない企業の数から判断すると、現行の制度はかなり悪さをしています。

さらに本質的な議論をするのなら、日本政府の産業政策をどうするか真剣に検討するべきです。中小・零細企業に重点を置くのか、中堅・大企業に重点を置くのか。産業政策は時代に合わせるものなので、人口増加なら前者、人口減少なら後者に重点を置くべきであるのは明白です。

しかし、政府は踏み出せません。これまで何十年も、企業数を増やすことが産業政策だと信じて、それを実行に移してきたので、「企業を集約させて、その絶対数を減らす」ということに強い拒否反応を示します。そのため、非効率な市場構造を脱しようという意識改革が進まず、未だに「護送船団方式」の呪縛から逃れることができないのです。

つまり、経営者だけではなく、日本政府も、人口増加時代に正しかった政策を、すべての時代に適応でき、すべての問題を解決できる「普遍的な政策」だと勘違いしてしまっているのです。この「企業の数を増やせば経済が良くなる」という信仰にも似た「崇拝」が、生産性向上を阻み、経営者を手厚く保護して甘やかす「世界一経営者に優しい国」をつくってしまったのです。

「外資系嫌い」の理由

日本が経営者に優しいという事実を象徴するのが、日本の経済人に根強く支持される「外資系嫌い」というカルチャーです。外資系企業は生産性が高く、現地の生産性向上に大きく貢献します。

外資系企業を嫌う人たちは、利益が国外に流出することをその理由に挙げます。確かに、外資系の利益は日本から流出する恐れがありますが、利益とは生産性のごく一部のものでしかありません。冷静に考えてみれば、それよりも、外資系企業に勤める数多くの日本人労働者が、高い給料をもらっていることのメリットのほうがはるかに大きいはずです。

たとえば、私がいたゴールドマン・サックスの東京支店でも、そこに勤める社員のほとんどは日本人でした。野村證券など国内の一流金融機関から転職してきた方たちが大半ですが、給料は何倍も多く払われています。同じ人間ですし、業務としてはほとんど一緒なのに、転職をした途端に収入は何倍にもなります。

もちろん、高い給料を払うだけの仕事を、会社から期待されます。日本の証券会社で働いていた時のことを聞いてみると、「あなたはこれだけやってください」「これ以外の余計な仕事はするな」というように、その人の能力とは関係なく、組織内のルールや力関係で、仕事を制限されていたようでした。

一方ゴールドマン・サックスのマネジメントは、とにかくその人の能力をどこまで引き出せるかということに必死です。新しい仕事をつくり出して、それをどんどんやらせていく。

アイディアはすぐに実行してみるなど、「制限」とは無縁の労働環境で、その分の給料を払います。

このように労働者側から見れば、外資系で働くデメリットはありません。むしろ、能力が引き出され、それまで勤めていた日本企業よりも高い収入を得られるということで言えば、かなりメリットがあります。外資系企業が日本で生み出す付加価値のほとんどは、日本人従業員に流れます。

それなのになぜ、ここまで社会的に外資系が毛嫌いされているか考えてみると、ここにも非常に大きな問題があると思います。

私としては、これは「経営者に優しい国」ならではの現象だと分析しています。

外資系は護送船団方式に参加しませんし、業界団体の非効率的なルールにも従わない。また、能力があれば、日本の同業他社では決して支払わないような高い給料も払う。日本の経営者が従う秩序を乱しており、経営者からすれば、これほど忌々《いまいま》しい存在はないのです。

また、経営者にとって「得」にならないということもあります。先ほども申し上げたように、外資系の参入は労働者に多大なメリットがありますし、税収的にも日本国は歓迎するべきですが、利益は国内の資本家のものにはなりません。

つまり、「外資系嫌い」は、日本が未だに護送船団方式の呪縛から逃れていないこと、経営者が自分の利益しか考えていないことの証左なのです。

これも「賃上げ」と構造はよく似ていて、外資を排除するというのは経営者の利益からすれば合理的な行動ですが、国益からすればまったく逆になるのです。

もちろん、このような「非効率的な市場構造」を温存しても百害あって一利なしであることは言うまでもありません。高度経済成長では表面化しなかった様々な弊害が現れ、産業の空洞化などの実害が生まれていきます。

バブル経済の後遺症

実は私は過去にも国益と企業利益が真正面からぶつかって対立するのを目の当たりにしたことがあるのです。

それは、不良債権・金融危機時代です。

バブル期の日本の銀行は、不動産を担保にして、企業や個人に巨額の融資を行い、銀行の貸出残高を大きく膨らませていました。その結果が地価の高騰です。その高騰ぶりは凄まじく、皇居の土地だけでも、世界第５位の経済に相当するカリフォルニア州のすべての土地よりも価値が高くなったなんてことまで言われていました。

その地価が1990年頃から下落しました。一部の担保不動産はその価値が9割も下がり、それによって不良債権が凄まじい勢いで増えていったのです。

しかし、銀行はそれを認めませんでした。

「待っていれば地価が戻って回収できるので、これは不良債権ではない！」

と反論していたのです。しかし、巨額の借入金を抱えている企業は次第に弱り、金利を払えなくなり延滞しはじめました。

銀行は預金者に金利を払わないといけないので赤字へと転落します。そこで銀行は慌てて政府に対してゼロ金利政策を求めました。これによって預金者に払う金利負担がなくなるので、不良債権となった貸し出しの保有コストがなくなり、銀行の赤字が消える。これは、バブル期に巨額の借金をした企業の金利負担を、預金者に転嫁したとも言えます。

なぜ銀行はここまで粘り強く地価が戻るのを待っていたのかというと、「待つ」ことのインセンティブが大きかったからです。

まず、これら担保不動産のほとんどは更地でした。土地を所有する企業からすれば、巨額の借金を抱えていますので、開発などする余裕はありません。また、それらの不動産を売っても借金の差額が残ってしまいます。銀行の貸し手責任が問われず、物納も認められない時代でしたので、企業はバブル期に10億円で買った不動産を1億円で売って銀行に返しても、9億円の借金が残るだけだったのです。

企業のほうも、そこで働く労働者の給料を下げるだけで、「地価が上がるまで待つ」方向へと流れていったのです。

しかし、それが日本経済をさらに悪化させていきます。バブルの影響が大きかったこともあり、それらの担保不動産の面積はかなり膨大になっていました。それらがみな塩漬けになるわけですから当然、経済にも悪影響を及ぼします。「地価が上がるのを待つ」間に、どんどん景気が悪化していったのです。

このあたりの負のスパイラルは、『銀行――不良債権からの脱却』（日本経済新聞社）という著書で詳しく分析をしていますが、いまの「賃上げ」と「国益」の関係とよく似ています。

銀行と借り手からすれば、「待つ」ことは自分たちの利益を守る、きわめて合理的な戦略だったのでしょう。しかし、その彼らの合理的判断が結果として、不動産市場を死に至らしめます。建設業界も多大な悪影響を受けますので、結果、日本の国益が著しく損なわれてしまいます。

ですから、私は先ほどの著書の中で、問題解決のためには政府が動くしかないと提言しました。

企業利益と国益が激しく対立している中で、場当たり的な対策や、精神論を掲げても、この問題は永久に解決しません。

政府が主導して国益を守るべきだと訴えました。もちろん、銀行は激しく反対しました。その最大のネックになるのは企業利益です。

政府主導でやるほかない

景気を回復させるには、担保不動産が動かなければいけません。しかし、企業は不動産を売るインセンティブがありません。ではどうすればいいかというと、銀行に企業の担保不動産の借金を放棄させることがもっとも確実です。借金の残額を棒引きしてもらえば、企業も不動産を売るインセンティブが生まれるのです。

ただ、それは銀行に「損をしろ」と言うのと同じです。不動産を動かして価値を上げれば、それは買った人には利益になりますが、銀行は大損です。

しかも、このような債権放棄をすれば、銀行の資本金が足りなくなって、経営が不安定になる恐れがありました。

この時代の日本も、不動産の流動化という「国益」のためには、銀行の利益が損なわれるほかないというきわめて難しい問題に直面していたのです。

結局、銀行に貸し手責任をかぶせることで不良債権をすべて開示させ、経営責任を問わない代わりに公的資金を注入して、実質的に経営権を国に明け渡しました。一方、企業はリストラ計画を提出する代わり、債権を無税で放棄することが許されました。政府主導によって、不良債権問題は見事に解決されたのです。残念ながら、銀行が屁理屈に基いて反対し、政府が動き出すまで約10年かかりました。私が1991年に計算した不良債権額は20兆円でしたが、その後100兆円にまで無駄に膨らみました。

このように歴史に学べば、「経済の好循環」をしっかりと捉えた対策を立て、政府主導でのぞむことで国益と企業利益の対立は解消できるものなのです。

当時、私は不動産を流動化すれば不動産開発ブームが訪れると予想していましたが、銀行や専門家の皆さんからは、不動産を流動化しても誰も買わないと批判されました。価値がない、需給バランスが崩壊する、地価が暴落する、仮に開発をしてもニーズがないなどとこき下ろされました。

私は、「世の中にない、より付加価値の高い不動産開発をすれば、それが新しいモデルケースとなって、供給は需要を生んでいくはずだ」と反論しました。「経済の好循環」に基づいて、日本の不動産市場を分析していけば、開発が進むのは明らかでした。

2003年に六本木ヒルズが建設された時も、そのような専門家の一部は、「絶対に倒産する」「バベルの塔だ」などと批判していましたが、その後に東京ミッドタウンができ、汐留、丸の内の再開発が行われ、現在も虎ノ門などの大規模再開発が進んでいます。

不動産開発ブームなど来るわけがないと鼻で笑っていた人たちは、そんな過去などなかったかのように、相変わらず無責任で直感的な論評を行っています。気楽な商売で、羨ましい限りです。

この章で大切なポイントは、国益と企業の利益は必ずしも一致するものではなく、ズレることも多々あるということです。

そして、いまがまさしくその時代です。中小企業の利益は、日本の国益と一致していません。むしろ、中小企業の利益を守れば、国益が大きく損なわれるという相関関係にあると言ってもいいでしょう。

このズレはいくら議論を重ねても修正できません。かつての不良債権問題同様に、政府主導でやらなくてはいけません。

あのバブルの後始末もそうでしたが、日本の強みは動き出すまでは非常に時間がかかりますが、ひとたび動き出せば、一気に様々なものが動くということです。不良債権の問題の後も、金融市場は驚異の回復力を見せるなど、こちらが予想する以上の改善も見せています。

ですから、「最低賃金の引き上げ」も政府主導で進めれば、結果が出ることは間違いありません。問題はどこまで「断行」できるかでしょう。

中小企業経営者からの猛烈な反発を受けて、「骨抜き」の政策になってしまわないかということだけが唯一の懸念です。

「統廃合」の道しかない

つまり、これからの日本は、これまでのような「経営者に優しい国」では現実的にやっていけないのです。実際、最低賃金1000円で多くの経営者がこの世の終わりのように大騒ぎをしていますが、前章に説明したように、1000円は通過点に過ぎません。いまのような社会保障を維持するのなら、2060年には、なんと2150円に引き上げないといけないのです。

日本に必要なのは、「賃上げをしたら倒産する」と叫ぶ経営者ではなく、この賃上げに耐えられるだけの、企業の規模を大きくする能力をもつ人、つまり「成長させることのできる経営者」です。では、そのような経営者を生み出すには、何を変えればいいのでしょうか。

まず、従業員にこれまでより多くの給料を支払おう、賃上げをしようと思ったら、経営者側には様々な工夫が必要となってきます。

メディアで取り沙汰されるのは、無駄なコストを削減する、利益を人件費に回す、というあたりが定番でしょう。

「聖域に手をつける」ということもよく言われます。中小企業の場合は、会社の私物化をしていないことのほうが珍しいので、奥さんや家族、親戚を名ばかりの取締役や顧問につけているパターンが多くあります。このような家族経営を断ち切ることができるか否かも大事なポイントになってきます。

ただ、このような改革を進めたところで、いずれ限界がきます。そうなると、次に中小企業経営者が考えるのは、生産性向上を進めていくために最先端技術を導入して業務の効率化を進めたり、新商品の開発や組織改革したりという「業務改善」です。

しかし、小さな企業では最先端技術を導入するための投資ができません。もともと賃上げできないほどの体力なので、設備投資に多くを費やすことができないのです。

また、小さな会社は社員が少ないので、最先端技術を使いこなしてその力を十分に引き出せる人がいません。


そのように考えていくと、やはり中小企業が社員にこれまでよりも多くの給料を払うためには、会社の「規模」を大きくするしかない、という結論に至るのです。

もちろん、自分たちだけで規模を拡大できればそれに越したことはありませんが、ほとんどの中小企業は長い時間をかけてもそれができなかったから「中小企業」という規模にとどまっているのです。加えて、人口減少で労働者も減っているので、規模拡大のための採用も困難です。

そうなると、もはや残されているのは、他の会社と合併したり、吸収されたりという「統廃合」という道しかありません。

つまり、これからの経営者に求められているのは、「統廃合」を積極的に進めて、いかに企業の数を整理することができるのかという能力なのです。

このような新しい経営者像を広めていくには、経営方針を根本から変えるような、それを促せるだけの大きなインパクトのある産業政策を実行に移すことです。一部の経営者にだけ影響があるものではなく、日本中の経営者たちが動かざるを得ないものです。「倒産続出」という日商の極論を極論的に追求すると、日商は賃上げによって労働者が失業することを懸念しているのではなく、国益を優先させることによって数多くの社長たちが失業することを恐れているとしか思えません。現時点でその条件を満たすきっかけとなるのは「最低賃金の引き上げ」しかありません。

実はこの「引き金」としての効果こそ、私が最低賃金の引き上げを提言する最大の理由なのです。

第7章　中小企業　護送船団方式の終焉

「下町ロケット」という神話

なぜ日本ほど高いポテンシャルを持つ国の経済がここまで長く低迷し、復調の兆しすら見えてこないのか。

その構造的な原因を客観的に分析していくと、「中小企業の賃上げ拒否」に問題の本質があるのは明らかです。

しかし、そのような論を少しでも口にすると、激しい反発が起きます。

「悪いのは中小企業だけではない」

「中小企業を責めても何もならない」

「中小企業は日本の底力」

「中小企業は皆頑張っている」

「中小企業の技術が失われる」

それは、いかにも日本的な「共存共栄」「互助」という考え方に基づくもので、できる限り肯定したいところではあるのですが、一方で科学や論理という視点を欠いた考え方で、「願望」「希望」に近いものだと言わざるを得ません。高度経済成長期などかつての日本ならば、このような現実逃避も許されたかもしれません。いまの日本は人口激減という危機的状況です。現実から目を背けつづけても、事態が好転することは絶対なく、むしろ破滅の道をつき進むスピードが上がっていくだけなのです。

ではどうすればいいのかというと、現実逃避をする人々に現実を直視してもらうほかありません。

本書の目的は、時代の変化を乗り越えるための国家グランドデザインを考えていくことです。そのような変化を受け入れることを拒否し、グランドデザインづくりを阻もうという人たちにも変化の必要性を理解してもらい、日本全体で一丸となって変化を乗り越えていくには、厳しい現実を受け入れるしかないのです。

そのためには、多くの日本人が「生産性の低さは中小企業が原因である」ということから目を背けてしまう「根本的な理由」を突き止め、まずはその対策をとっていくことが重要です。

その「根本的な理由」について、私が注目すべきだと考えているもう一つの理由が、日本の「中小企業神話」です。

私の目には、日本という国は「中小企業」に対して特別な思い入れを持っているように映ります。もっとストレートに言えば、やや度を超えた過大評価をするきらいがあります。

その象徴が「下町ロケット」です。

ご存じのように、大企業を凌ぐ高い技術力を持った町工場が、宇宙ロケットの部品など最新技術開発で活躍をしていくという人気小説のテレビドラマ化で、多くの人がご覧になっています。この「下町ロケット」を見て、私が興味深いのは、中小企業がかなり過大に美化されて、大企業がかなり過小評価されているということです。

「下町ロケット」の舞台となる佃製作所という町工場は、資金繰りも大変ですし、開発に潤沢にお金をかけることもできません。しかし、従業員が頑張って、知恵とチームワークによって資金も人員も豊富な大企業に一矢報います。このような構造の話が、日本人は特に大好きなのです。ここまで中小企業に特別な思い入れがあるという文化は、他の先進国ではあまり見られない現象です。

「妄信」と同調圧力

もちろん、それぞれの国には、それぞれの文化があります。自分たちが何を誇りに思うか、何を強みだと考えるのかは国それぞれです。ただ、私が興味深いのは、このように「中小企業びいき」ともいうべき強い思想性が、「下町ロケット」のようなフィクションに限らず、日本国内の経済論や経済政策にも大きな影響を与えており、そのことが顕著に確認されているということです。この「中小企業びいき」のポイントを整理すると、ざっと以下のような考え方でしょうか。

・日本がかつて世界第2位の経済大国にまで発展したのは、大企業にも負けない高い技術を持った町工場や、優秀な部品を生み出す下請けがあったからである
・ソニーやホンダのような世界的企業も、元々は中小企業から始まった。だからこそ、日本は中小企業を保護して、彼らの成長を支えなくてはいけない

日本のアナリスト、経済評論家、産業政策に関わる官僚の皆さんは、経済に対して分析や考察をする際、あるいは経済政策をつくろうという時に、ほぼ必ずと言っていいほどこのような考え方からスタートします。

「中小企業＝日本経済の原動力」ということが大前提で、常にそこから物事を考えていくので、必ず中小企業経営者を応援するような現状分析がなされます。そして、どんなに不合理・非論理的な結論となっても、中小企業経営者が喜ぶ政策がとられてきました。

日本社会には知らず知らずのうちに、「中小企業神話」ともいうべき中小企業を全肯定するように強いる同調圧力が生まれているように見えて仕方がありません。

これこそが、「根本的な理由」だと私は考えています。

多くの日本人が、日本の生産性が低い原因は中小企業であるという事実に気付かず、このような主張をなかなか素直に受け入れることができないのは、この「中小企業神話」が大きな影響を及ぼしている可能性がきわめて高いのです。

これまで分析してきたように、１９６４年以降、日本経済が大きく成長したタイミングと、中小企業の数が激増したタイミングがたまたま重なっているだけなのに、両者にあたかも因果関係があるという誤解から生まれた「神話」に過ぎません。しかし、令和の時代になったいまも多くの専門家がこの「神話」を妄信しています。

このような話をしますと、大企業よりも高い技術のある中小企業の例などを挙げて、「中小企業が日本経済の原動力というのは事実だ」と反論をする方が必ずと言っていいほどいますが、残念ながらそれは「科学的な根拠のない」「そうあって欲しい」という見方であると言わざるを得ません。特に日本は、客観的データに基づいた検証をすることなく、自分たちが望む結論に合致するように、強引に「因果関係」をつくっていく傾向があります。

そして、残念ながらこのような「思い込み」が、日本の生産性を低くしているという現実があるのです。

「下町ロケット」に出てくるような素晴らしい技術を持つ中小企業が存在することはよく知っています。そして、彼らの技術が日本の「ものづくり」を支えているのも事実です。しかし、それとこれとはまったく話が違います。

何より、高い技術を有する社員は、十分な規模がない企業で無理をし、苦労するよりは、もっと規模のある会社で、恵まれた環境で能力を目いっぱい発揮したほうが良いと思います。それが個人のためでもあり、国益にもつながります。ミクロ企業で頑張って30の付加価値を生むより、１００の付加価値を生み出せる企業へと規模を拡大するべきなのです。高い技術を有する人が中小企業にしかいない事実もないし、中小企業で働かなければいけない理由もないのです。

「奇跡の経済復興」と中小企業

ではこの「中小企業は国の宝」という神話はどのように成立したのでしょうか。

ここまでお話ししてきたように、人口増加時代には雇用政策が重要です。

1企業あたりの平均従業員数

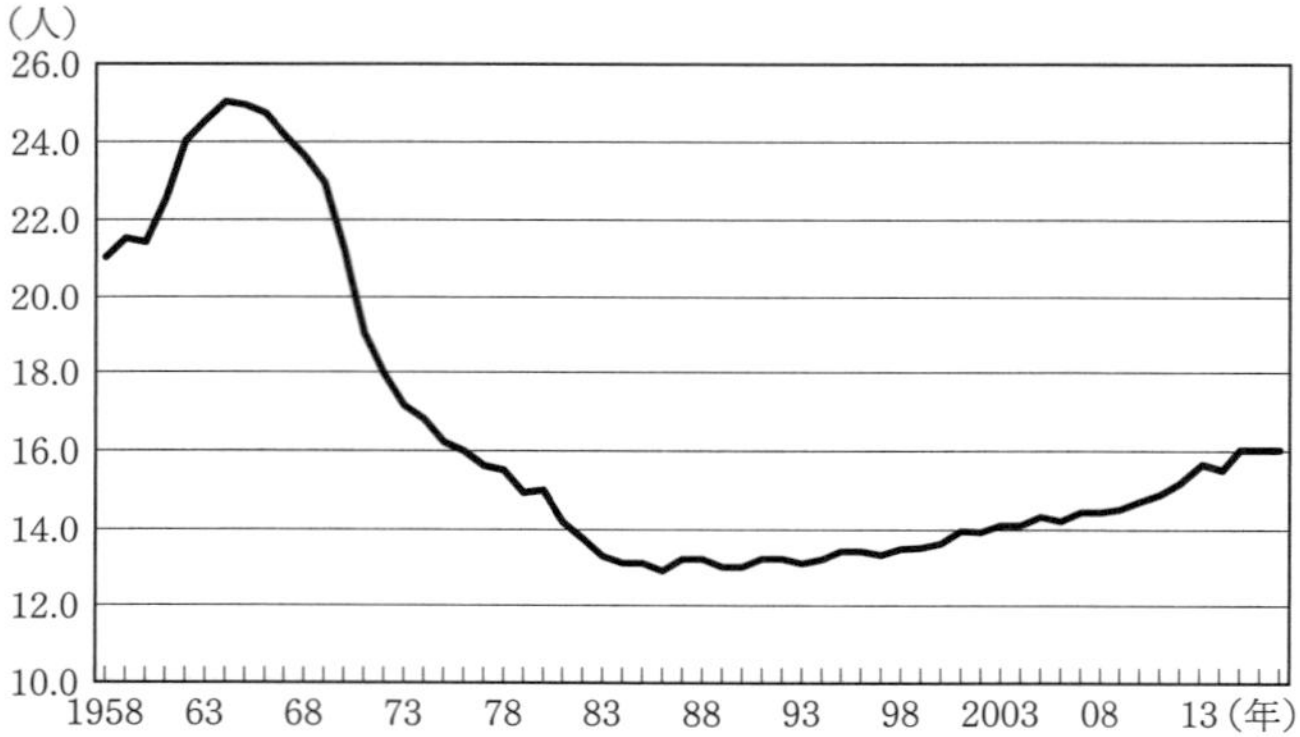

出所：国税庁データより著者作成

雇用は労働生産性以上に大事ですから、生産性向上にはあまり貢献しないけれども雇用には大きく貢献する中小企業は経済政策の主役となります。ですので、企業が増えてくれることは良いことでした。その理由には日本人が大好きな苦労話、精神論等と重なっていることがあるのでしょう。

そこに歴史の流れもあります。日本は、高度経済成長期の１９６８年、ＧＤＰでドイツを追い抜いて「世界第2位の経済大国」というポジションにつきます。この原動力となったのはソニーやホンダに代表されるような「日本の高い技術力」というのが日本社会の「常識」となっており、小学校の授業などではいまでも子供たちにそのように教えているそうです。

では、この「高い技術力によって世界第2位の経済大国に上りつめた」時代は、どのような社会ムードだったのかというと、先ほども申し上げたように「中小企業天国」だったのです。

中小企業が次から次へと生まれた時代、日本は世界に誇る高い技術力によって、世界第2位の経済大国になった。ということは、中小企業が日本経済を牽引しているに違いない——という考えが広まるのは自然の流れです。確かに日本経済がもっとも輝いていた時代に、きわめて小さい企業が激増していますので、そう言いたくなりますが、その同時性には別の理由があり、いまはマイナスに働いています。経済成長と中小企業激増の因果関係を見るのは難しいと思います。つまり、「中小企業神話」は、企業の数が激増しはじめた1964年あたりにルーツのあるものだと考えるべきなのです。

このように、因果関係をきちんと検証せずに、成長した時代の特徴にその国の強さ、成長の秘訣を求める傾向はどの国にもあります。

その中でも日本が特徴的なのは、戦後の焼け野原から世界第2位の経済大国となるまで復興を果たしたサクセスストーリーがあまりにもドラマチックだったからです。この「奇跡の復活劇」が日本社会には非常に大きなインパクトを持って浸透しました。そのためにそれと同じくらいの強烈なインパクトで、「高い技術力」や「中小企業」の神話も広まって、定着してしまったのではないでしょうか。

さて、このような話を聞いていくと、「そこまで経済成長と中小企業が増えた時期がピッタリ重なるのなら、やはり両者には因果関係があるのではないか」と感じてしまう方もいらっしゃるかもしれませんが、これは因果関係というものを誤って認識していると言わざるを得ません。

この両者に因果関係があるとするには、「技術力が日本を世界第2位の経済大国に押し上げた」という前提が正しいことを証明しなくてはいけません。

中小企業は技術力を持っていて、その技術力で日本経済は発展した。だから、中小企業が日本経済を牽引している、という三段論法が飛躍ではないことを証明するのです。

しかし、残念ながら「技術力だけが日本を世界第2位の経済大国に押し上げた」という前提はありません。これまでの著書で多方面からこの前提を検証しましたが、「技術力」と「経済成長」の因果関係を認めることはできませんでした。そのかわり、分析や検証をすればするほど、日本が世界第2位の経済大国になれたのは技術はありながらも主に「人口」のおかげだという事実が浮かび上がってきたのです。

1章で少し触れましたが、先進国のＧＤＰは、その国の人口と見事に連動しています。日本が世界第2位の経済大国になれたのは、アメリカに次いで先進国第2位の人口規模だからです。

このような指摘をしているのは、私だけではありません。世界中の経済分析の世界では、人口とＧＤＰの因果関係というのは常識となっているのです。

「技術力が日本を世界第2位の経済大国に押し上げた」という主張は、そのような世界の常識を真っ向から否定するものであり、科学的根拠やデータは存在しません。そのため先ほどの「三段論法」も成立しませんので、中小企業が日本経済を牽引しているという話も、科学的根拠が薄い「妄想」という結論になるのです。

ではなぜ、経済分析の常識としても、論理的に検証をしても明らかに事実ではない「技術によって日本経済が成長をする」という考え方が日本ではこれほど強く支持されているのでしょうか。

もうひとつの理由として、先ほど述べた生産性に関する「誤解」もあります。

業種ごとに生産性をみると、日本では確かに製造業は生産性が高い傾向がありますが、その原因を分析していくと、「企業規模」に突き当たります。ご存じのように、製造業の分野では日本を代表するような大企業が多く存在しています。つまり、製造業だから生産性が高いのではなくて、製造業は平均的に企業規模が大きいので、生産性が高くなっているのです。事実として、Forbes Global 500企業のランキングを見ると、日本代表唯一のトップテンはトヨタ自動車（10位）です。その次は34位の本田技研工業です。しかし、全体でなく個別に見ると、製造業でもサービス産業同様に、生産性の高い会社もあれば、低い会社も存在します。製造業は満遍なく生産性が高いという事実はありません。

その企業規模を冷静に見れば、製造業の生産性が高い理由が、「日本人はものづくりが上手だから」だけではないことは明らかです。これもまったく因果関係のない二つの事象を結びつけて、恣意的に解釈することによって起きた「誤解」と言わざるを得ません。残念ながら多くの日本人は、トヨタ自動車やホンダなどの大企業と、日本人全体を一緒くたにし、ごちゃ混ぜに論じてしまっているのです。

サービス業では、これと逆のことが言えます。

「日本はおもてなしの精神があるので、サービス業の生産性が悪い」という「妄想」がありますが、これもポイントは「企業規模」です。日本のサービス業には、トヨタ自動車やホンダのようなグローバルプレイヤー級の大企業が存在しません。生産性の高い大企業が少なく、規模の小さな企業が溢れています。やはり、製造業は300人以下、サービス業は100人以下、製造業以外は1999年まで、50人以下としていた中小企業の定義づけが生産性に影響していると見るべきでしょう。そこには製造業技術神話の原因もあります。

生産性に影響を与えているのは、日本人の「技術」「心」や「おもてなし」ではなく、ごくごくシンプルに「企業規模の大小」なのです。

ボタンをかけ違えている

これまで述べているように、小さな企業になればなるほど生産性が低くなるという現象は、もはや経済分析の世界で認められている厳然たる事実です。

しかし、日本ではこれに頑なに背を向け、その真逆ともいうべき「神話」が広く浸透しています。2019年の正月にも「下町ロケット」の特別編が放映され、高い視聴率を記録したそうですが、中小企業が日本経済を牽引している、中小企業が元気になれば日本も元気になるという考え方が、多くの日本人にとって共感できるものだということを示す象徴的な出来事です。

私はこのような社会ムードを批判するつもりはまったくありません。繰り返しになりますが、私自身も中小企業の経営者の一人ですし、「佃製作所」のように中小企業の優れた技術が新しいイノベーションを起こし、世の中の役に立つことがあるということも信じています。

しかし、このような個別の話と、最低賃金引き上げに象徴される中小企業問題とを混同してはいけない、ということを強く申し上げたいのです。

日本のこれからを見据えて、「デフレ」や「低成長」という罠から抜け出すためには生産性向上、つまりは賃金の引き上げが必要不可欠です。そのためには、生産性を低くしている小規模の会社を整理統合して、企業規模を拡大していくしかありません。

そういう科学的な議論をしている際に、「下町ロケット」的な「神話」を引っ張りだされることは非常に困りますし、いつまでたっても建設的な議論ができません。たとえるなら、科学を論じる学術会議で、好きなマンガやアニメの話をされるのと同じくらいナンセンスです。

このような事態を避けるには、「中小企業」に対する特別な思い込み、「中小企業神話」を見直して、客観的かつ冷静に、中小企業というものが日本経済にどのような影響を及ぼしてきたのか、そして賃金の引き上げを阻んできたのかという、構造的な問題を直視しなければいけません。

この「神話」を否定して、それを超えた思考をつくるという作業なくして、本書のテーマである国家グランドデザインづくりを実行に移すことはできないと思います。

これまでの日本は頑なに「中小企業」の問題から目を背けてきました。「企業が増えるのはいいことで、減ることは悪いこと」「中小企業を守ることが、日本経済の成長につながる」「中小企業は日本の宝だ」という「結論ありき」で、実際にそれが正しいことなのかどうかまったく検証されてこなかったのです。

経済政策も、社会保障政策も、すべては「中小企業を守る」という考えからスタートしているので、どの政策もうまくいきません。当然です。いつもはじめにボタンをかけ違えているので、うまくいくはずがありません。この30年、日本は正しくシャツを着ることができず、ここまで来てしまいました。

しかし、もはやそのような悠長なことは言っていられません。

人口減少が急速に進む中で、社会保障システムの破綻はもはやカウントダウンに入っています。政府としても、どんな政策を進めても機能しない原因に、賃金の低さ、すなわち大企業と中堅企業が少なくて小企業が多すぎるという問題があることに気付きつつあります。

つまり、国家が危機的状況になったことでようやく、「企業が増えるのはいいことで、減ることは悪いこと」「中小企業を守ることが、日本経済の成長につながる」という「神話」にメスを入れざるを得なくなったというわけです。「中小企業は日本の宝」と持ち上げるのをやめて、「伸びる企業が日本の宝」に頭を切り換えなければいけません。

これには中小企業経営者の皆さんからの激しい抵抗が予想されます。これまでの日本の構造改革は、選挙によって骨抜きにされたり阻まれたりということが幾度となく繰り返されてきました。

次章では、日本政府が小手先の政策をやめ、経営者の反対を押し切り、1964年体制と断絶すべき理由を考えます。

第8章　中国の属国になるという最悪の未来と再生への道

待ち受ける「最悪のシナリオ」

本書をここまで読んでいただければ、これからの日本は、産業構造を強化するための労働者の集約と、それに伴って小さい規模の企業が激減するという大変厳しい現実に直面するということがわかっていただけたのではないでしょうか。

日本の生産性問題は究極的には「中小企業問題」であり、これに対応するには、現時点で最低賃金の引き上げがもっとも有効であることは明白ですが、そこに当の中小企業経営者の皆さんが激しく抵抗しています。

それがあまりにも自分勝手で、経営者としての「義務」を放棄した無責任な考え方であることは、これまで述べてきた通りです。

ということで、この最後の章では日本の「中小企業問題」が放置されつづけると、いったいどのような最悪のシナリオが待ち構えているのかを考えていきます。

まず、その論考をしていくうえで絶対に欠かすことができない要素があります。それは「地震」です。

日本は地震大国ですので、巨大地震によって社会が致命的な被害を受けるリスクを常に抱えています。

実際に2011年の東日本大震災、1995年の阪神・淡路大震災など、日本社会全体に影響を及ぼすような巨大地震が周期的に起きているという事実を踏まえれば、この要素を考慮しないほうが無理があります。

中でも、首都直下地震と南海トラフ地震という二つの巨大地震は、いつ起きてもおかしくない状況だと言われています。ということは、これからの日本の国家グランドデザインを描いていくうえで、当然、これら二つの巨大地震の影響を考慮しなくてはいけないということです。

では、首都直下地震と南海トラフ地震が発生すると、日本にどれほどのダメージを与えるのでしょうか。

政府の試算では、首都直下地震で約47兆円、南海トラフ地震で約170兆円という数字が出ていますが、実はこれは地震によって引き起こされる建物の倒壊やインフラ損壊といういわゆる「直接被害」に過ぎません。

巨大地震の場合、「直接被害」以外の被害もかなり深刻な事態を引き起こします。

まず、地震によって交通インフラが寸断された場合、地域の経済活動自体が麻痺してしまうので、国民の所得にもじわじわと悪影響が出てきます。また、壊滅的な被害を受けた地域では企業や工場などが再開できないこともありますし、避難をきっかけにその土地を離れる人も多くいますので、建物やインフラだけ復旧しても、そこで経済活動をする人がおらず、結局ゴーストタウンになってしまうこともあります。

つまり巨大地震の「被害」は、発生直後のことだけを考えればいいというものではなく、国全体やその地域において何十年単位という長期的な経済的損失が発生することも考慮しなくてはいけないのです。

そのあたりの要素を入れた首都直下地震と南海トラフ地震の被害額を公益社団法人土木学会が試算していますが、そこには驚きの数字が出ています。

首都直下地震で778兆円、南海トラフ地震にいたっては1410兆円に達するというのです。

政府の試算と比べて桁違いに大きな数字となっているのは、こちらは地震発生から20年間の経済的損害額を盛り込んでいるからです。20年間としたのは、阪神・淡路大震災で神戸市が受けた経済活動の被害などを考慮してはじき出した期間だそうです。

現在、日本の名目GDPは550兆円（2018年度）ほどですから、首都直下型と南海トラフが連続した場合、日本全体で稼ぐお金の約4倍が消し飛ぶということになります。これは「日本」という国家の存続に関わる大変な「危機」だと言わざるを得ません。

実際、土木学会の地震工学委員会の委員長を務めている東京大学生産技術研究所の目黒公郎教授にお話を聞いたところ、すべての長期的経済損失をカバーしているわけではないので、現実にはこの程度では済まない可能性もあるそうです。目黒教授は、日本という国が「途上国」に逆戻りしてしまうのではないかという懸念も口にされていました。

理由は「集積」だそうです。都市震災軽減工学の専門家である目黒教授によれば、人類の歴史上、日本の首都圏ほど様々な災害リスクの高い地域に、これだけの富や機能、そして人口を集積した巨大都市をつくったケースはほかに例がないそうです。

確かに、日本は政治も経済も主たる機能はすべて首都に集まっていますし、人口も過度に密集しています。それは裏を返せば、もしもこれまで想定されているレベルを超えた凄まじい地震が発生して、東京が壊滅的な被害を受けた場合、国家としての機能がストップして、これまでの災害とは桁違いの国難的被害を受ける恐れがあるということです。

その「国難的な災害」こそが、首都直下地震と南海トラフ地震による巨大災害なのです。

関東大震災とは話が違う

そのように言うと、東京は大正時代に起きた関東大震災で壊滅的な被害を受けながらも、首都機能がストップすることなく、立派に復興を果たしたではないかと言う人もいますが、大正時代の東京と比べて現代の東京は人口も富や機能も桁外れに集積されていますので、関東大震災と比べ、首都直下地震の被害が桁外れなものになるのはきわめて当然なのです。

もちろん、日本の建物の耐震性は高いですし、東京でも様々な都市防災対策を施していま す。昔だったら木造家屋が軒並み倒壊しているようなレベルの地震がきても、倒壊する建物の比率は格段に低くなるでしょう。

しかし、「集積都市」である東京では被害率は低くても被災地域に存在する人口や建物数が多いので、被災者や被災建物数が膨大になることを目黒教授は指摘されているのです。

しかも、日本の場合、もうひとつ大きなリスクがあります。それは「複合災害」です。目黒教授によれば、本州から四国の南に位置する南海トラフ沿いには「東海」「東南海」「南海」の3つの巨大地震が発生するエリアがあり、ここで100~150年周期で巨大地震が発生しています。しかもそれは一発の超巨大地震として発生したり、連続して発生したりします。火山被害などを伴ったり、その後の台風と相まって「国難」というほどの深刻なダメージを与える可能性も高いし、過去に実際そのような被害を引き起こした歴史的事実があるそうです。

たとえば、いまから165年前の1854年11月4日、東海沖にマグニチュード8・4の巨大地震が起き、津波も発生して沿岸部に多大な被害をもたらしました。しかし、悲劇はそれで終わりません。その31時間後の11月5日に今度は、四国沖の南海を震源とするやはりM8・4の地震が発生したのです。

この2つの巨大地震は「安政の東海・南海地震」と呼ばれています。

この安政の巨大地震によって、太平洋沿岸の多くの地域が激しい揺れと巨大津波で壊滅的な被害を受けて、3万人以上の人が亡くなりました。当時の日本の人口が約3300万人ということを考えると、凄まじい被害です。

ただ、「複合災害」の恐ろしさはここから始まります。

東海から西日本がようやく復興に向けて動き出した翌1855年、今度はなんと、M7クラスの首都直下地震が江戸を襲います。「安政の江戸地震」です。これによって、江戸では1万人以上の人たちが亡くなり、幕府の施設、各藩の江戸屋敷までが壊滅的な被害を受けました。しかも災害はこれだけで終わりません。

翌1856年、今度は「安政の江戸暴風雨」と呼ばれる高潮を伴う大きな台風が江戸湾を襲います。この被害には様々な記録が残っていますが、一番深刻なものでは、江戸の人口の1割にあたる10万人が亡くなったという資料もあります。

江戸幕府の崩壊と巨大災害

いずれにせよ、はっきりしているのは、165年前の日本は南海トラフの2回の巨大地震、翌年の首都直下地震、そしてそこに追い打ちをかけるようにさらに翌年に発生した巨大台風によって、国家運営が暗礁に乗り上げていたということです。

これは少し考えればすぐにわかることです。南海トラフ地震からの復興に手をつけようと思ったら、今度は江戸まで壊滅的な被害を受けてしまう。そこへダメ押しのように台風・高波被害がきたわけですから、江戸の財政が急速に悪化していったのも当然です。

財政危機に加えて、幕府の求心力も急速に落ちたはずです。江戸幕府からすれば、まずはお膝元である江戸から立て直さなくてはいけませんので、南海トラフの復興にまで手もお金も回りません。むしろ、将軍様のいる江戸を守れと諸藩に支援を求めたことでしょう。

こうなると、西日本から東海にかけた南海トラフの被災地では、幕府に対してかなり強い不満を抱いたはずです。こんな未曾有の災害で手を差し伸べてくれず、むしろ逆に負担を強いるとは何事だと、不信感を募らせたことが容易に想像できます。

そんな国家の危機を招いた「複合災害」から11年後の１８６７年、江戸幕府は大政奉還しました。

２６０年余も続いた政治体制が、なぜあっけなく終焉を迎えたのかという話をする時、国内の倒幕運動や、アメリカの「開国」圧力など様々な要因が挙げられます。学校の授業でもそのように子供たちに教えるそうです。しかし目黒教授は、幕末期に相次いだ自然災害が幕府の体力を奪ったことも要因のひとつではないかと指摘しています。

まったくの同感です。歴史を学べば、隆盛をきわめた国家が、巨大地震や火山の噴火、津波や洪水によって、その運営に大きな支障をきたして、衰退していくという例は枚挙にいとまがありません。

内乱や外圧で国家が転覆するということも確かにありますが、後世の人間が後付けしていることも多く、その国の財政を急速に悪化させるなど直接的なダメージを与えるという意味では、災害が衰退の引き金となるケースが少なくないのです。

この165年前に起きた国家衰退劇が、現在の日本でも繰り返される可能性は十分あります。それはつまり、南海トラフ・首都直下地震などの「複合災害」によって、日本の財力が急速に悪化し、国のあり方が根本から大きく変わってしまうということです。

中国が日本を買いまくる

では、どう変わるのか。

考えられる最悪のシナリオは「中国からの援助を受けて、中国の属国になってしまう」というものです。

そんなバカな話があるわけがないと怒る方もたくさんいらっしゃると思いますが、「複合災害」に襲われた場合はそれほど荒唐無稽な話ではありません。

これまで本書で見てきたように、これからの日本の人口は減少していきますので、当然社会保障の税負担も重くなります。地震とは関係ない地域のインフラも老朽化しているので、その維持にも莫大な費用がかかります。

1990年以降、中小企業に猶予を与えながら、鶴首して待ったにもかかわらず起こらなかった日本経済の回復に使った国の借金は、すでにGDPに対して世界一高い比率で、債務残高は１２００兆円を超えています。

本来、日本は自然災害に備えるために世界一借金を控えるべき国家ですが、すでに国内の預貯金を超えそうな額の借金をしてしまっています。借金したにもかかわらず、エコノミストの予想した通りの回復はしなかったのか、借金をしたから、経営者がやるべき改革をしなかったのか。いずれにせよ、国は借金まみれになっています。いまは金融市場が機能しているから何とかなっていますが、健全でないことは否めません。

そのようにただでさえ財政が厳しいところへ、首都直下地震が起きれば７７８兆円、南海トラフ地震で１４１０兆円という莫大な経済損失が20年にわたって発生するというダブルパンチで、日本の財政は急速に悪化していきます。

いや、日本は世界中から尊敬されているので、東日本大震災の時のようにいろいろな国が助けてくれると楽観視する方もいるかもしれません。しかし、残念ながら、ボランティアや物資の支援は期待できるかと思いますが、現実問題として、世界第３位のＧＤＰを誇る日本経済を復興させるために必要な、巨額の資金調達ができる規模の国は数えるほどしかありません。

それは日本よりもＧＤＰが多く、余裕がある国です。ここまで言えばもうおわかりでしょう。

GDP世界一のアメリカは、確かに日本と同盟を結んでいますが、現在のトランプ政権はとにかくアメリカファーストですので、よその国の復興にそこまで金を出さない可能性が高いでしょう。現に、第一次、第二次という二つの大戦の時にもアメリカは、ほぼ親戚のような関係だった同盟国のイギリスにさえ手を差し伸べることを渋って、ようやく最後になって参戦をしたという歴史的事実も考える必要があります。

と同時に、アメリカはずっと貿易赤字で、その国債のかなりの割合が外国所有となっています。日本は米国債をはじめ大量の外貨を持っていますが、復興のためにどんどん外貨を売って円を買えば当然アメリカは困ります。

残るのは世界2位のGDPを誇り、成長著しいあの国しかありません。そう、中国です。中国人富裕層が東京・銀座の不動産を競うように購入しているのはもはや周知の事実です。最近、中国の投資会社が、京都の町家が並ぶ一角を買い取って、中国風の名前で再開発をする計画を発表しました。このような中国資本の勢いを踏まえれば、地震で日本が壊滅的なダメージを負った際に、その混乱に乗じて、日本の様々なところに中国資本が入ってくることは、十分にありえます。

財政が急速に悪化している日本が、その中国マネーを拒否することはできません。当然ながら、困っている日本に対して示される「支援」の条件は厳しいでしょう。

しかし、首都や主要都市に壊滅的なダメージを受けた日本には、その条件を突っぱねるほどの余裕がありません。結果、大量の中国資本が日本中に投下され、日本社会で中国人資本家の発言力と存在感が増していくでしょう。そして、何年かが過ぎて気がつけば、日本は「中国の属国」になっていた――考えたくないかもしれませんが、「百パーセントない」とは言い切れません。

常に長期の戦略を見通す中国としては、鎌倉時代から望んでいた「日本属国化」のシナリオがようやく実現できるというわけです。

アフリカの二の舞になる

そんな話は飛躍していると思うかもしれませんが、事実として、政府債務が膨張する中で、中国からの経済支援を繰り返され、「植民地化」が進行している地域が存在します。アフリカです。

政府債務の膨張が問題となっている南アフリカ、セネガル、ルワンダなどアフリカ諸国に対して、中国は積極的にインフラ整備などの巨額投資を続けています。米ジョンズ・ホプキンス大の調べでは、２０００年からの17年で中国はアフリカ諸国に１３００億ドル以上を貸し付けているというデータもあります。

これらの国では、中国企業が続々と進出し、資源開発など国の根幹に関わるビジネスに参入して、現地の労働者を多く雇っています。最初は支援として手を差し伸べたものの、年を追うごとに「中国依存」が進んでいっているのです。そのため、実質的には「植民地化」が進められているという国際的な批判が寄せられています。

巨大地震が発生して政府債務が急激に膨張する恐れのある日本も、他人事ではありません。最初は「支援」という名目で中国からの巨額投資を受けるうち、気がつけば周りは中国企業だらけで、経済的な「植民地」になっていた、という事態も考えられるのです。

では、このシナリオを回避するにはどうすればいいでしょうか。

先ほども申し上げたように、南海トラフ地震と首都直下地震は「必ず発生する」もので、避けることはできません。ということは、いかにしてこれらの巨大地震や複合災害の経済的損失を抑え、中国に付け入る隙を与えないかということが必要となってきます。

今回お話を伺った目黒教授が、非常に興味深いことをおっしゃっていました。日本のみならず、世界各地の被災地に足を運び、被害状況を多角的に分析されている目黒教授によれば、災害被害には以下のような普遍的な特徴があるというのです。

「地震や豪雨などの災害というのは、その被災地がもともと抱えていた社会的課題を、短時間で一気に最悪の形で浮かび上がらせる」

たとえば、貧困層が多く、住宅事情も悪い、衛生的にも問題があるというような地域に大地震や津波が起きればどうなるか。多くの住宅が崩壊するので、住むところを失った膨大な数の貧しい人が溢れかえり、被災後にはさらに不衛生な環境が深刻になり伝染病などの危険も生じます。つまり、もともとその地域が抱えていた諸々の問題が、災害というフィルターを通すことでさらに深刻に、さらに大きなスケールとなって現れてくるのです。

もはや一刻の猶予もない

では、これを日本に当てはめて考えてみたらどうでしょうか。

急速に人口減少と高齢化が進み、若い世代に社会保障のコストが重くのしかかっています。道路や水道など、高度経済成長期に全国に張り巡らされたインフラも、急速に老朽化していますので、その整備にもお金がかかります。しかしその一方で、生産性は十分に上がっておらず、それ以上に労働者の低賃金が固定化してしまっています。

このような社会課題を抱えている国で、かつて江戸幕府の衰退にもつながったような未曾有の地震災害が起きたらどうなるでしょうか。

まず、被災して怪我をする人が何万人も出てきますし、生活保護等で国が支えなくてはいけない人たちも膨大に出てきます。ということは、社会保障のコストがこれまで以上に爆発的に膨れ上がるということです。また、建物だけではなく、道路、水道、ガスなどのインフラも壊滅的な被害を受けますので、その復旧のために、これまた莫大な税金がかかるのです。

その一方で、経済もかなり厳しいダメージを受けます。１６５年前と同じく、首都直下地震と南海トラフが連動した場合、関東から関西にかけて太平洋側沿岸が甚大な被害を受けるということですが、ここは太平洋ベルトという日本経済を支える一大工業地帯が広がっています。工場が被災した場合、企業は事業を再開するため、まずは工場の復旧にお金をかけますが、賃金を維持することさえ難しくなっていきます。

ここまでお話をすれば、もうおわかりでしょう。社会保障とインフラ整備に莫大なお金がかかるということと、人口減少による経済の縮小という、日本が抱える二つの社会課題が、首都直下地震と南海トラフ地震によって、一気に深刻化していく恐れがあるのです。

そして、もっと恐ろしいのは、この二つの地震が、こうしているいますぐに発生しても何ら不思議がないということです。

私が、「もはや日本には、悠長なことを言っている暇はない」と繰り返し主張しているのはこれが理由です。

「中国の属国になる」という最悪のシナリオを回避するには、一刻も早く、日本経済に様々な問題を引き起こしている「中小企業」にメスを入れるしかもはや道はありません。最低賃金の引き上げは、そのための唯一にして最高の手段です。

「生産性が上がるのを自然に待とう」などと呑気に構えている間に、巨大な災害が来てしまったら元も子もありません。いまよりもっと生産性が悪くなりますので、当然、国民生活にも様々な形で悪影響が出てきます。

歴史や地政学的な観点から見ても、人口減少をする国家で、中小企業を守って、とにかくその数を維持すべきという政策は、あまりに近視眼的で、未来のことを考えていないきわめて危険な考え方です。

これからの日本は、中小企業の数が大幅に減っていかなければいけない、と講演や対談で主張すると、「無責任だ」「反日だ」というお叱りを受けますが、これから日本が直面するシビアな現実を踏まえれば、労働人口を集約させて生産性向上を追求し、そのために不可欠な中小企業の統合促進をしないほうがよほど無責任です。

この国の未来と、未来を担う世代のためにも、「中小企業問題」に正面から向き合い、メスを入れることが、いまを生きるすべての日本人に課せられた責務なのです。

おわりに

前著『日本人の勝算』で、私は「中小企業」の問題を甘く見ていました。

1964年以降、日本では1社あたりの社員数が大きく減少して、それが日本経済の生産性向上に悪影響を及ぼしていることは明らかなので、これを解決するには、企業の規模を拡大していくべきだ——という結論に至って、そこから先のことは考えていませんでした。

客観的、論理的に考えれば、この結論が揺らぐことはありません。解決の道筋が見えているのですから、あとはただそれを「実行」に移せばいい。そう考えていたのです。

しかし、それはかなり楽観的な考えでした。

企業規模の拡大促進に必要不可欠な、最低賃金の引き上げに対して、日本の世論は強い反発を示しました。それをもっとも声高に叫んでいるのが、中小企業の経営者です。つまり、日本の未来のために変わらなくてはいけない人々が、もっとも強硬でもっとも発言権の強い

「抵抗勢力」になってしまったのです。

そこで、「中小企業」という構造的な問題をより深く分析する必要が生まれました。

本書の最大のポイントは、1964年というタイミングを境に、なぜ日本に小さい企業が爆発的に増えたのかということを徹底的に分析して解き明かしたことです。この従来の経済分析にはない新しい発見によって、日本社会の様々な非効率的な産業構造が、人口増加時代の国益によって生み出されたものであること、そして人口減少時代のいま、それが国益に大きく反することになってしまったという厳しい現実が浮かび上がりました。

また、この分析をしていく過程で、予期せぬ発見もありました。一つは、製造業とサービス業の生産性の違いには、企業規模の影響が非常に大きいということです。

もう一つは、海外に比べて、日本の中小企業の定義は人員的な規模があまりにも小さく、なおかつ、優遇策があまりに手厚すぎることによって、経営者が企業規模の拡大をしない仕組みを作ってしまったのです。

これこそが、日本の生産性が長く低迷している原因です。

人口減少に対応するためには、この産業構造を変えなければいけないのは言うまでもありませんが、それは容易ではありません。

分析を進めていくと、過去のルールに囚われている日本の中小企業経営者が、「合理的判断」で新しいルールに反対すること、そして彼らの考えている利益というものが、いまの日本の国益と真っ向から対立をしていることがわかりました。

これはつまり、変化を期待して待っているだけでは、絶望的だということです。

小西美術工藝社の経営に携わってからというもの、業界の抜本的な改革をしようとすると、既得権益を握る人々が、次から次へと本質から外れた問題提起を繰り返し、激しく抵抗する姿を何度も目の当たりにしてきました。また、アナリスト時代から、日本の経営者が、エビデンス（証拠）とロジック（論理）を突きつけても、かたくなにそこから目を逸らすということも、身をもって味わってきました。

それを踏まえれば、今回も「事前対応」は望めません。問題がごまかしきれなくなるほど大きく、深刻なものになってから、ようやく重い腰を上げる、という「事後対応」になる可能性が高いと思います。

そこで、このまま「中小企業」が引き起こす問題から目を背け、本書で述べているような人口減少国家のグランドデザインに抵抗していけば、この国がどうなっていくのかを調べたところ、背筋が凍りつきました。

目黒教授のお話を聞けば、多くのエコノミストが言う、日本の借金はそこまで深刻ではない、という主張が、いかに頭の中がお花畑になっているような楽観論かということがわかります。歴史に学べば、これからやってくる巨大複合災害が、未曾有の人的被害だけではなく、深刻な財政危機をもたらし、日本という国のあり方を根底から変えてしまうような大きな「危機」であることは、動かしようのない事実なのです。そんな「破綻」と隣り合わせの地震大国が、GDPに対する借金を世界一の規模で膨らませている。この恐ろしい現実を、あらためて想起させられました。

しかし、日本の産業政策はそんな現実から頑なに目を背け、中小企業を手厚く優遇しています。なかには理解できない優遇策も多くあります。

たとえば、「接待飲食費」ひとつとっても、最大800万円分まで損金として計上できるという優遇措置があります。社員に使わせない限り、中小企業経営者が会社の金を遣って銀座や赤坂で贅沢ができる公私混同と考えるべきでしょう。

労働者は先進国の中で際立って低い賃金しかもらえず、国も社会保障がパンクするほど巨額の借金を抱えている中で、中小企業経営者の飲食をここまで優遇する必要があるでしょうか。

こんな政策で、生産性向上に何の効果がありましょうか。人口減少の対策として正当化できるポイントはあるでしょうか。もっと辛辣《しんらつ》なことを言わせていただくと、これは産業政策でもなんでもなく、会社を成長させることができない経営者に資金援助をしてやる「脱税政策」に過ぎません。

日本経済が低迷してなかなか長いトンネルから脱却できないのは、このような時代錯誤な中小企業優遇策を続けているからなのです。

私はいまの日本は、非常に大きな分岐点に差しかかっていると考えています。後世の人々がこの時代を振り返った時、日本という国の形が根本から変わったと認識するような「激変」が近いうちに起きると考えています。

日本の命運を握っているのは、言うまでもなく日本政府です。前回の東京オリンピックの時にできた産業構造を、２０２０年のオリンピックを契機に、いまの時代に適う産業構造へと転換することができるかどうかで、日本の未来は大きく変わってきます。

しかし、もし日本政府が激しい抵抗に屈して、それが実現されなくとも、この転換はいずれ間違いなく訪れます。首都直下地震と南海トラフ地震はいつ起きてもおかしくないからです。さらにそこへ、近年多発する台風や豪雨という自然災害が重なれば、国家はその災害に対応した形へ否応なしに変化していきます。

つまり、「１９６４年体制」は遅かれ早かれ是正されるのです。ただひとつ違うのは、それを日本政府が、中小企業経営者の反対を押し切って断行するのか、中国の属国となって彼らの主導のもとで行うのか、ということだけなのです。

日本の国難は、やはり日本人の手によって乗り越えるべきだと私は考えます。この動きは早ければ早いほどダメージが小さくて済みます。国民に痛みの少ないほうがいいのは言うまでもありません。

何が最善なのか。何が科学的なのか。感情論に流されず、論理的に物事を考えることが、いますべての日本人に求められているのではないでしょうか。

デービッド・アトキンソン

1965年、イギリス生まれ。小西美術工藝社社長。元ゴールドマン・サックス金融調査室長。オックスフォード大学日本学科卒業。アンダーセンコンサルティング、ソロモンブラザーズを経て、1992年にゴールドマン・サックス入社。日本の不良債権の実態を暴くレポートを発表し、注目を集める。98年に同社managing director（取締役）、2006年にpartner（共同出資者）となるが、07年に退社。同社での活動中、1999年に裏千家に入門。日本の伝統文化に親しみ、2006年には茶名「宗真」を拜受する。09年、国宝・重要文化財の補修を手掛ける小西美術工藝社取締役に就任、10年に代表取締役会長、11年に同会長兼社長に就任、14年より現職。

『イギリス人アナリスト 日本の国宝を守る 雇用400万人、GDP8パーセント成長への提言』『イギリス人アナリストだからわかった日本の「強み」「弱み」』（以上、講談社+α新書）など著書多数。

講談社+α新書 672-3 C

国運《こくうん》の分岐点《ぶんきてん》

中小企業改革で再び輝くか、中国の属国になるか

デービッド・アトキンソン

2019年 9 月19日第1刷発行
2019年10月 9 日第2刷発行

発行者——渡瀬昌彦

発行所——株式会社 講談社
東京都文京区音羽2-12-21 〒112-8001
電話 編集(03)5395-3522
販売(03)5395-4415
業務(03)5395-3615

デザイン——鈴木成一デザイン室

カバー印刷——共同印刷株式会社

印刷・本文データ制作——株式会社新藤慶昌堂

製本——牧製本印刷株式会社

帯写真撮影——西﨑進也

本文図版——朝日メディアインターナショナル株式会社

定価はカバーに表示してあります。
落丁本・乱丁本は購入書店名を明記のうえ、小社業務あてにお送りください。
送料は小社負担にてお取り替えします。
なお、この本の内容についてのお問い合わせは第一事業局企画部「+α新書」あてにお願いいたします。

ISBN978-4-06-517560-6